X 1266.
G.b.

12945

LE NOUVEAU VIARD.

OUVRAGE DU MÊME AUTEUR.

PAR BREVET DU ROI.

MÉTHODE MÉCANIQUE
Pour apprendre à Lire,
DÉDIÉE AUX ÉCOLES DE FRANCE,
QUEL QU'EN SOIT LE MODE D'ENSEIGNEMENT.

Cette Méthode, dont le plan est entièrement conforme à celui de cet opuscule, présente l'enseignement de la lecture sous des formes si simples et si agréables, que les enfans, même les plus bornés, peuvent apprendre à lire en très peu de temps.

L'ouvrage se compose de quatre tableaux, un guide pour les Maîtres et un cadran typographique, instrument élégant et solide, à l'aide duquel on forme avec facilité toutes les syllabes de la langue, une très grande quantité de mots et les nombres, tant en chiffres arabes qu'en chiffres romains.

PRIX : 25 FRANCS.

Nous osons rapporter ici une circulaire que M. le RECTEUR *de l'Académie d'Aix a adressée aux Instituteurs et aux Institutrices de son Académie.*

LE RECTEUR DE L'ACADÉMIE D'AIX,
CHEVALIER DE L'ORDRE ROYAL DE LA LÉGION-D'HONNEUR.

M

J'ai l'honneur de vous informer qu'après un examen approfondi de la Méthode de Lecture inventée par M. PASCAL, de Lodève, breveté du Roi, et persuadé que les résultats en doivent être aussi certains que le procédé en est à la fois simple et ingénieux, je recommande l'emploi de cette Méthode aux Instituteurs et aux Institutrices de l'Académie.

Recevez, M , *l'assurance de ma parfaite considération.*

L. COTTARD.

LE
NOUVEAU VIARD,

ou

COURS D'ÉTUDES ÉLÉMENTAIRES,

A L'USAGE DES

ÉCOLES PRIMAIRES DE FRANCE,

Par J.-F. PASCAL, de Lodève,

BREVETÉ DU ROI.

Première livraison. — **LECTURE.**

Prix : 1 f. 50 c.

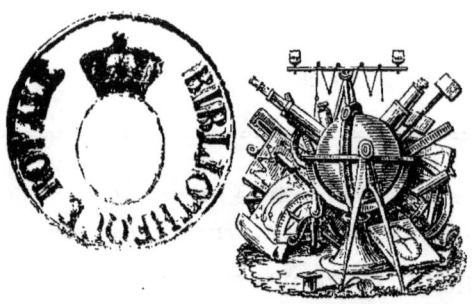

Marseille,

Chez { L'Auteur, rue des Beaux-Arts, n° 7.
{ P. Cauvin, Place Lorette, n° 2.

Imprimerie de Marius Olive, sur le Cours, n° 4.
1830.

PROPRIÉTÉ DE L'AUTEUR.

Tous les exemplaires qui ne seront pas revêtus de ma signature, seront réputés contrefaits.

Pascal

PRÉFACE.

Voici une nouvelle Méthode de Lecture que nous offrons aux Instituteurs et aux pères de famille. Nous n'avons pas cru devoir la faire précéder par de magnifiques promesses, ni l'annoncer par un titre pompeux. Ayant toujours exercé nous-même l'état honorable et modeste d'instituteur, il n'entre point dans notre caractère ni dans nos habitudes de donner un air mystérieux aux observations que notre propre expérience nous a fait faire sur la plus simple manière d'instruire les enfans. Nous publions donc une Méthode dont les préceptes sont basés sur les principes invariables et généraux que MM. de Port-Royal ont émis les premiers, et dont une application de plus de dix ans, sur des élèves de tout âge et de tout rang, nous a fait reconnaître la justesse.

Les Instituteurs déjà instruits, comme ceux à qui le zèle et la bonne volonté préparent des connaissances qui seront tôt ou tard le prix de leurs efforts, reconnaîtront, en parcourant notre livre, tout ce qu'ils auront observé eux-mêmes dans leurs classes, et verront au premier coup-d'œil que, sans nous jeter dans des réformes trop hardies et qui ne sont propres qu'à tout bouleverser, nous donnons à une pratique raisonnable tout ce que nous avons ôté à une aveugle routine. Les difficultés y sont classées de manière que l'enfant passe de l'une à l'autre insensiblement et sans qu'il s'en doute. Nous avons eu soin de ne mettre jamais en application un mot dont les élémens ne fussent déjà connus par l'élève, duquel nous flattons d'ailleurs l'amour-propre en lui faisant lire des mots à la seconde leçon, et de petites phrases qu'il puisse comprendre, à la sixième. C'est ainsi qu'en montrant à un élève qu'en peu de temps il est dans le cas de voir des idées et non des sons dans un livre, on fixe son attention, qui ne demande que d'être exercée sur des choses qu'il comprenne, plutôt que sur un grimoire qui l'ennuie. Du reste, quoique la pratique soit tout pour l'enfant, néanmoins la théorie marche toujours de pair. Le Maître trouvera de temps en temps quelques instructions qui ne regardent que lui, et, au bas de chaque page, des observations qui tiennent lieu de règles, pour les mots qui font la matière de la leçon ; règles qu'il pourra énoncer à ses jeunes élèves dans les termes qu'il jugera les plus intelligibles pour eux.

Afin que ce petit ouvrage soit une espèce d'épitome de lecture, et que rien n'y manque pour que celui qui en fera usage puisse lire dans tout livre français et même dans les manuscrits, nous y avons mis des alphabets et des pièces de lecture en différens caractères.

(Voir le plan de l'ouvrage à la table des matières.)

LE NOUVEAU VIARD.

PRINCIPES DE LECTURE.

INSTRUCTIONS POUR LES PERSONNES QUI ENSEIGNENT A LIRE.

Dans cette Méthode, l'enseignement de la lecture est divisé en cinq classes. Chaque classe est d'un ou de plusieurs groupes; chaque groupe a son instructeur. Les écoliers de force égale sont mis ensemble. A mesure qu'il y en a qui devancent leurs condisciples, on les change de groupe, pour qu'ils ne perdent pas leur temps. Il convient de faire reprendre les élèves l'un par l'autre, et d'établir ainsi une émulation de préséance. Ne passer d'une leçon à l'autre que lorsque les élèves connaissent bien les précédentes; revenir de temps en temps sur ce qu'ils ont déjà vu, afin qu'ils ne l'oublient pas. Développer aux élèves, à mesure qu'il en est question, les observations qui se trouvent au bas de chaque page (les numéros entre deux parenthèses y renvoient); leur faire remarquer les lettres qui en font le sujet.

DES LETTRES.

Les *lettres* sont des caractères ou signes dont on se sert pour représenter la parole ou la pensée.

Il y a deux sortes de lettres : les *voyelles* et les *consonnes*, qu'on pourrait appeler plus à propos *sons* et *articulations*.

Les *voyelles* sont ainsi appelées, parce que, seules, elles forment une *voix*, un *son*.

Les *consonnes* sont ainsi nommées, parce qu'elles ne forment un son qu'avec le secours d'une voyelle.

Les *voyelles* et les *consonnes* se divisent en *simples* et en *composées*.

DES VOYELLES ET DES CONSONNES SIMPLES.

Les *voyelles simples* sont celles qui peignent *un seul son* formé par la poitrine : *a*, *ou*.

Les *consonnes simples* sont celles qui peignent *une seule articulation*, c'est-à-dire, un mouvement particulier des lèvres, de la langue ou du gosier : *f*, *ch*. (*Le démontrer aux élèves.*)

DES VOYELLES ET DES CONSONNES COMPOSÉES.

Deux voyelles simples qui se suivent dans le corps d'un mot prennent le nom de *voyelle composée* : *ia*, *ui*, *ieu*.

Deux ou trois consonnes qui se suivent dans la même syllabe, dont le son est relevé, et qu'on prononce en une seule émission de voix, s'appellent *consonne composée* : *fl*, *cr*, *str*.

DES LETTRES ÉQUIVALENTES.

On appelle *équivalentes* les lettres qui ont le même son ou la même valeur dans la prononciation que les voyelles ou les consonnes auxquelles elles se rapportent : $au = o$, $ph = f$, etc.

DES SYLLABES ET DES MOTS.

On appelle *syllabe* une ou plusieurs lettres qui forment un son et se prononcent en une seule émission de voix. Chaque syllabe doit avoir au moins une voyelle, parce que *sans voyelle il ne peut y avoir de son.*

Un mot est représenté par une ou plusieurs syllabes, qui expriment une idée ou un rapport entre deux idées.

Les mots qui n'ont qu'une seule syllabe s'appellent *monosyllabes*, et ceux qui en ont plusieurs, *polysyllabes*.

DE LA DIVISION DES MOTS EN SYLLABES.

Les mots			Du discours.
Les syllabes	} sont les élémens {		Des mots.
Les lettres			Des syllabes.

Les mots se trouvent tous séparés dans les livres; ainsi, nulle difficulté sur ce point. Quant aux syllabes, il faut que l'élève en connaisse bien les élémens, qui sont les lettres simples ou composées; que surtout il soit bien exercé à les prononcer sans hésitation et tout d'un coup. Alors, il observera naturellement, et sans explication, que la voyelle, soit simple, soit composée, finit toujours la syllabe.

EXEMPLES :

Do mi no, sou cou pe, pa roi sse, ri pa ille, se mai ne, Dau phi né.

La difficulté n'est donc que dans les voyelles articulées et dans les consonnes composées, comme dans *calcul* et *mitre*.

Mais on verra bientôt que si la consonne qui vient après la voyelle ne doit pas former avec la suivante une consonne composée, semblable à celles que l'on fait connaître (13e et 17e leçon), elle ne peut faire avec elle une même syllabe, et qu'on doit couper ainsi les mots *cal cul*, *sub ver tir*, *Ro dol phe*, *con fir me*, *ser pen teau*, attendu que *lc*, *bv*, *rt*, *lph*, *nf*, *rm*, *rp*, *nt*, ne forment pas une articulation composée; tandis qu'on coupera ainsi les mots *mi tre*, *dou blu re*, *sou ffri ra*, *mi ni stre*, *ri sque ra*, *pho spho re*, parce que *tr*, *bl*, *ffr*, *str*, *squ*, *sph*, sont des consonnes composées.

PSALMODIE

APPLICABLE

AUX VOYELLES ET AUX CONSONNES SIMPLES.

VOYELLES SIMPLES.

a	o	u	ou	oi
e	é	ê	i	eu

CONSONNES SIMPLES.

f	l	ill	c	r
fe	le	ille	ke	re
b	p	d	g	x
be	pe	de	ghe	kse
m	n	t	s	z
me	ne	te	se	ze
gn	v	ch	j	h
gne	ve	che	je	he

PREMIÈRE CLASSE.

ENSEIGNEMENT
DES VOYELLES SIMPLES.

Enseigner les voyelles simples de *cinq en cinq*, en les faisant *psalmodier* sur le ton et le mouvement de la psalmodie ci-dessus ; les faire lire dans tous les sens, jusqu'à ce qu'on soit convaincu que les élèves les possèdent parfaitement bien ; les démontrer dans les mots de la deuxième, troisième, quatrième et cinquième leçon ; si un élève ne reconnaît pas quelque voyelle, revenir à la *psalmodie* et l'arrêter sur la lettre oubliée. Faire remarquer les différentes sortes d'*e* (*) et les *accens* (**).

VOYELLES SIMPLES.

(1re LEÇON.) (1re CLASSE.)

a	o	u	ou	oi
e	é	è	i	eu (***)

(*) DES DIFFÉRENTES SORTES D'*e*.

Il y a trois sortes d'*e* :

L'*e muet (e)*, dont le son est peu sensible et quelquefois nul : *homme*, *paiera*.

L'*e fermé (é)*, qui se prononce la bouche presque fermée : *été*, *célérité*.

L'*e ouvert (è* ou *ê)*, qu'on prononce en ouvrant beaucoup la bouche : *succès*, *apprêt*.

(**) DES ACCENS.

Il y a trois accens :

L'accent *aigu*, qui va de droite à gauche (´). Il se met sur l'*e* fermé (*é*).

L'accent *grave*, qui va de gauche à droite (`). Il se met sur les *e* ouverts (*è*, *ê*).

L'accent *circonflexe*, qui est formé de l'accent aigu et de l'accent grave réunis et adossés (ˆ). Il se met sur la plupart des voyelles longues (*â*, *ô*, *û*, *ê*, *î*).

(***) Les voyelles *ou*, *eu*, quoique doubles aux yeux, doivent être considérées comme simples, puisqu'en les prononçant on ne fait entendre qu'un son. Quant à *oi*, c'est une diphthongue dont on ne reconnaît pas les élémens dans les deux lettres qui la composent : c'est ce qui nous l'a fait placer avec les voyelles simples :

Impetratum est à consuetudine ut peccare liceret utilitatis causâ. CIC.

ENSEIGNEMENT
DES CONSONNES SIMPLES.

Enseigner les consonnes de la même manière que les voyelles, c'est-à-dire, faire *psalmodier* les cinq consonnes de chaque leçon, les faire lire dans tous les sens, et les faire reconnaître dans les mots renfermés dans la leçon dont il s'agit.

CONSONNES SIMPLES.

(2ᵐᵉ LEÇON.)   (1ʳᵉ CLASSE.)

f   l   ill   c   r

SYLLABES TERMINÉES PAR UNE VOYELLE.

fa	fo	fu	fou	foi	fe	fé	fè	fi	feu
la	lo	lu	lou	loi	le	lé	lê	li	leu
illa	illo	illu	illou	illoi	ille	illé	illè	illi	illeu
ca	co	cu	cou	coi	ce(¹)	cé	cè	ci	ceu
ra	ro	ru	rou	roi	re	ré	rè	ri	reu

MOTS FORMÉS DES SYLLABES PRÉCÉDENTES.

fa ille	fou lé	li re	lo ré	ca ille	co co
cu ré	cou le	ce ci (¹)	cè le	cé lé	ci re
fa ça (²)	re çu	la ça	coi ffé (³)	fo lle	ca rré

le rôle	la cure	le rire	la file	le curé	la feuille
la foule	le caillé	la face (¹)	le reçu (²)	la folle (³)	le caillou

---

(¹) *c* suivi d'un *e* ou d'un *i* se prononce toujours comme *ss*.

(²) La *cédille* (¸) se place sous le *c*, pour lui donner le son du *ss*.

(³) Une *double consonne* (c'est-à-dire, deux consonnes semblables qui se suivent) se prononce comme si elle était simple.

SUITE DES CONSONNES SIMPLES.

(3ᵐᵉ LEÇON.)   (1ʳᵉ CLASSE.)

b   p   d   g   x

SYLLABES TERMINÉES PAR UNE VOYELLE.

ba	bo	bu	bou	boi	be	bé	bê	bi	beu
pa	po	pu	pou	poi	pe	pé	pè	pi	peu
da	do	du	dou	doi	de	dé	dê	di	deu
ga	go	gu	gou	goi	ge (⁴)	gé	gè	gi	geu
xa	xo	xu	xou	xoi	xe	xé	xê	xi	xeu

MOTS FORMÉS DES SYLLABES PRÉCÉDENTES.

ba illi	bou le	pa ri	pi pe	do ré	dou ce (¹)
ga re	pé gu	go be	gou lu	ga ge (⁴)	ge lé
gé ré	do ge	rou gi	gè re	boi ra	lu xe
cè de (¹)	fi xé	pou le	de ça (²)	li ppe (³)	l'a bbé (⁵)

la bulle du pape (³)   le défi du père   la dupe du page (⁴)
le pouce de papa (¹)   la pile de paille   le poile du bailli

---

(⁴) *g* suivi e d'un ou d'un *i* se prononce toujours comme *j*.

(⁵) L'*apostrophe* annonce la suppression d'une voyelle : ce signe ne compte pour rien dans la prononciation des mots.

(14)

SUITE DES CONSONNES SIMPLES.

(4ᵐᵉ LEÇON.) (Iʳᵉ CLASSE.)

m n t s z

SYLLABES TERMINÉES PAR UNE VOYELLE.

ma	mo	mu	mou	moi	me	mé	mè	mi	meu
na	no	nu	nou	noi	ne	né	nê	ni	neu
ta	to	tu	tou	toi	te	té	tè	ti	teu
sa	so	su	sou	soi	se	sé	sê	si	seu
za	zo	zu	zou	zoi	ze	zé	zè	zi	zeu

MOTS FORMÉS DES SYLLABES PRÉCÉDENTES.

mu ni	moi ne	no ta	na ppe (³)	ma rri	nu lle
tê te	ta xé	so mme (³)	ta nné	sa lle	sou ci (¹)
za ni	zo ne	zé ro	zè le	te illa (⁶)	se xe
be lle	fe rré	de tte	se lla	mu se (⁷)	po sé
toi sa	ba se	cou su	si se	mou ssu (⁸)	ta sse

la mine du more   le souci du sexe (⁶)   la soupe du matou
le tulle de mode (³)   la note du sage (⁴)   le moule de terre (⁵)
la mère du mousse (⁸)   le zèle du mari   la malle du moine

(⁶) *e muet* suivi, dans le corps des mots, de *ill* ou *x*, ou d'une double consonne, se prononce comme *è* ou *é*.

(⁷) *s* entre deux voyelles se prononce ordinairement comme *z*.

(⁸) La double consonne *ss* se prononce toujours fortement.

(15)

SUITE DES CONSONNES SIMPLES.

(5ᵐᵉ LEÇON.)   (1ʳᵉ CLASSE.)

gn   v   ch   j   h ⁽⁹⁾

SYLLABES TERMINÉES PAR UNE VOYELLE.

gna	gno	gnu	gnou	gnoi	gne	gné	gnê	gni	gneu
va	vo	vu	vou	voi	ve	vé	vè	vi	veu
cha	cho	chu	chou	choi	che	ché	chê	chi	cheu
ja	jo	ju	jou	joi	je	j'é	jè	j'i	jeu
ha	ho	hu	hou	hoi	he	hé	hê	hi	heu

MOTS FORMÉS DES SYLLABES PRÉCÉDENTES.

li gne   ro gna   poi gne   si gné   rè gne   ga gna
voi ci (¹) veu ve   ve illa (⁶) ve rre   ve xé   voi le
cha tte (³) cha ssa (⁸) cho se (⁷) choi si   chè re   che veu
ja co   ju ge (⁴) jeu di   je tte (⁶) jou jou   ja se (⁷)
hô te ᵐ(⁹) hé vé   rhu me   ha ché ᵃ(⁹) hu ppe   hi bou
do due (¹⁰) ba joue   cou rroie (³) va llée   jo lie   feu illée

le vase de verre (⁷)   la terre de pipe (⁶)   le voile de gaze
la feuille de rose (⁷) le vice de l'homme (³) la chute du chêne
le règne du péché   la voûte d'une cave (⁵) ce signe de folie (¹)

l'heure ᵐ(⁹) de l'hôte   le holà ᵃ(⁹) la hure une hase (⁷) la halle (¹⁰)

---

(9) La lettre *h* est *muette* ou *aspirée* ; (*m*) elle est *muette*, quand elle n'ajoute rien à la prononciation des mots ; (*a*) elle est *aspirée*, quand elle fait prononcer avec aspiration, c'est-à-dire du gosier, la voyelle qui la suit.

(¹⁰) *e muet* précédé, dans la même syllabe, d'une voyelle, ne sonne presque pas, mais il fait prononcer lentement cette voyelle.

MONOSYLLABES ET DISSYLLABES
FORMÉS DES SONS PRÉCÉDENS.

(6ᵐᵉ LEÇON.) (1ʳᵉ CLASSE.)

MONOSYLLABES.

la	ma	ta	sa	va	lu	bu	pu	du	mu
nu	tu	su	fou	cou	d'où	mou	sou	chou	foi
loi	coi	roi	moi	toi	soi	le	ce	de	me
ne	te	se	je	né	fi	ci	ri	mi	ni
si	feu	peu	jeu	vue (¹⁰)	roue	joie	fée	vie	feue

DISSYLLABES.

fê la	ra illa	ca rra	so lo	zé ro	go go
dé çu (²)	fi chu	gou luc (¹⁰)	ca illou	ge nou	ba foue (¹⁰)
pa roi	cha rroi (³)	ne ttoie (⁶)	mê me	lè ve	mè che
pe lé	ra sé (⁷)	cou péc (¹⁰)	po li	mi di	chi mie (¹⁰)
a veu (¹¹)	ne veu	che veu	ca cha	co co	vé cu
jou jou	é moi (¹¹)	pè re	me né	rougi (⁴)	le jeu

la belle tête (⁶) la bonne mine la fine taille la belle robe (⁶)
le joli tulle (³) la riche gaze la belle poupée (¹⁰) le joli bijou
ma chère mère voici sa fête (¹) je te l'avoue (¹⁰) vive la joie

---

(¹¹) Toute voyelle initiale se prononce comme si elle était précédée d'un *h* muet.

POLYSYLLABES FORMÉS DES MÊMES SONS.

(7ᵐᵉ LEÇON.) (1ʳᵉ CLASSE.)

ca illa   ho bo   co nnu (³)   ve rrou (⁶)   a boi (¹¹)   pè re
sé ché   rou gi (⁴)   jeu ne   su ça (²)   dé çu   dodue (¹⁰)
se coue   cô toie   ge lée (⁴)   pou lie   ro sée (⁷)   musée

la ve ra   do mi no   ré so lu (⁷)   a ma dou (¹¹)   vi ce - roi (¹²)
ca sse-cou   re vè che   heu reu se (⁷)   dé su nie (¹⁰)   dé sa voue
sou te nue   dé ci dée   a boie ra   ra ni mée   ra ille rie
fa ça de (²)   l'ha bi le   d'hô te sse   la ha chu re   la houlette

panorama   mo no po le   nu bi li té   dou lou reu se
voi tu re ra   mé na gè re   rossignolé (⁸)   assu je tti (⁶)
redemeure   cé ré mo nie (¹⁰)   s'ha bi tue ra   ra ma doue ra
ha bi tu de   ma lheu reu se (⁷)   ha te le tte   hou ssi ne ra

ca pi tu lera   domi ni ca le   cu mu la ti ve   ré ca pi tu lé

la pie jocasse   le hibou hue   la huppe pupulle   le joli canari
Julie s'amuse   la belle soirée   évite l'oisiveté   honore ta mère

---

(¹²) Le *tiret*, ou *trait d'union* (-), se met entre deux mots que l'on veut unir : il ne change rien à leur prononciation.

(18)

VOYELLES ARTICULÉES,

OU SYLLABES TERMINÉES PAR UNE CONSONNE.

(8ᵐᵉ LEÇON.) (1ʳᵉ CLASSE.)

al bal	or cor	ud sud	ef[13] nef	ir tir
ac sac	ob job	ouf louf	el sel	ig zig
ar char	op cop	oul toul	ec bec	ix mix
ab d'ab	og dog	ouc bouc	er mer	euf neuf
ap cap	uf tuf	our pour	ep cep	eul seul
ad j'ad	ul nul	oug joug	ex sex	eur leur
ag zag	uc luc	oif soif	if vif	ail[14] mail
of lof	ur mur	oil poil	il fil	ouil nouil
ol bol	ub sub	oir noir	ic pic	eil[15] reil
oc roc				euil deuil

NASALITÉS [15].

am cam ram	oin foin soin	em tem vem
an pan dan	eun à jeun	en[17] den cen
om som bom	um fum hum	im tim sim
on mon ton	un[16] l'un d'un	in[18] din tin

([13]) *e muet*, suivi, dans la même syllabe, d'une consonne, se prononce *è*.

([14]) La consonne *ill* perd un *l* à la fin des mots, et s'écrit *il*.

([15]) Les deux lettres *m* et *n* précédées, dans la même syllabe, d'une voyelle, rendent cette voyelle *nasale*.

([16]) *u*
([17]) *e* } suivi de *m* ou *n* dans la même syllabe se prononce { *eu* *a* *è* } nasal.
([18]) *i*

DISSYLLABES FORMÉS DES SONS PRÉCÉDENS.

(9ᵐᵉ LEÇON.) (1ʳᵉ CLASSE.)

cal me	pac te	gar de	cap te	sol de	for ce
j'op te	dog me	cul te	pur ge	coul pe	bour se
el be (¹³)	sec te	per le	tex te	dic te	six te

fa nal	su mac	cé sar	ha nap	bag dad	zig zag
a zof	li col	mé doc	ja cob	cal cul	ca duc
fu tur	tal mud	ba bouc	sé jour	ra soir (⁷)	mé chef (¹³)
hô tel	a vec	cu iller	ju lep	tar dif	sub til
noir cir	el beuf (¹³)	me illeur	dé tail (⁴)	co rail	ber cail (¹³)
fe nouil	ré veil (¹³)	pa reil	so leil	cer feuil	lin ceuil (¹⁸)

MOTS A NASALITÉS (¹⁶).

a dam	cam pe	jam be	ma man	can can	sul tan
dan se	chan ta	man ge	sur nom	pom pe	tom ba
jam bon	par don	gar çon (²)	mon de	con ta	son ge
re coin	be soin (⁷)	té moin	poin té	par fum (¹⁶)	lun di
cha cun	ver dun	lou dun	co mmun	tem pe (⁷)	pen sé
fen du	men ti	ven gé	ren du	lim be (¹⁸)	nim be
che min	voi sin (⁷)	jar din	sin ge	din don	la pin

(20)

POLYSYLLABES FORMÉS DES MÊMES SONS.

(10ᵐᵉ LEÇON.)　　　　　　　　　　　　　　　(1ʳᵉ CLASSE.)

li bé ral　　ro ssi gnol　co rri dor　ar chi duc　ca pi toul
ca rre four　re ce voir　de re chef (¹³)　mâ che fer　bi ssex til
sub ver tir　é pa gneul　s'a dap te　j'a dop te　tu mul te
ab sur de　bi ssex te　j'a ccep te (¹⁹)　su ggè re (²⁰)　mix tu re
rhu bar be (⁹)　du ha mel　ma lhcr be　ca ta rrhal　for mu le
j'ad mi re　ma la dif　va car me　a lam bic (¹⁵) su ccom be
ri go don　com pac te　con fir ma　con join te　tem pê te
dé fen se　re gim be (¹⁸) ma ga sin　tur lu pin　im por tun
é ven tail (¹⁴) sou pi rail　a ppa reil (¹³)　non pa reil　é cu reuil

bar thé le mi (⁹) lo ga rith me　sub di vi sé (⁷)　tour te re lle
sa la ma lec (¹³)　sur na tu rel　tambourineur　mahométan
com pa ra tif　califourchon　ho ri zon tal　vi ce-con sul
tem po ri seur　sen ti men tal　re gim be ra (¹⁸) circonvoisin

on donne du cor　la caille margotte　le rossignol ramage
l'abeille bourdonne　la cigale chante　le mouton bèle
l'hirondelle gazouille　le bon parfum　il pince la harpe

(¹⁹) La double consonne cc, suivie d'un e ou d'un i, se prononce ks.
(²⁰) La double consonne gg, suivie d'un e, se prononce guej.

ALPHABET

AVEC MAJUSCULES ET ITALIQUES,

SUIVANT L'ORDRE USITÉ DANS LES DICTIONNAIRES.

a	A	*a*	n	N	*n*
b	B	*b*	o	O	*o*
c	C	*c*	p	P	*p*
d	D	*d*	q	Q	*q*
e	E	*e*	r	R	*r*
f	F	*f*	s	S	*s*
g	G	*g*	t	T	*t*
h	H	*h*	u	U	*u*
i	I	*i*	v	V	*v*
j	J	*j*	x	X	*x*
k	K	*k*	y	Y	*y*
l	L	*l*	z	Z	*z*
m	M	*m*	œ	Œ	*œ*

Nota. Nous n'avons pas cru devoir faire de cet alphabet une leçon particulière. C'est au Maître à juger du moment où il sera convenable de le faire connaître à l'élève. Nous pensons néanmoins qu'il serait bien de le lui faire apprendre par cœur, dès qu'il saura lire passablement les mots de la première classe, et d'exiger qu'il le récite tous les jours dans l'ordre ci-dessus, afin qu'il ne soit pas embarrassé plus tard quand il devra se servir de dictionnaire.

SIGNES DE PONCTUATION.

Virgule	,
Point.	.
Point-virgule	;
Deux-points.	:
Point d'interrogation.	?
Point d'admiration ou d'exclamation. .	!
Points suspensifs.	. . . . . .

AUTRES SIGNES
EN USAGE DANS LA TYPOGRAPHIE.

Astérisque.	✶
Crochets.	[ ]
Guillemets.	« »
Parenthèses	( )
Paragraphe	§
Traits de séparation.	— | = ||

DEUXIÈME CLASSE.

ENSEIGNEMENT

DES VOYELLES COMPOSÉES.

Faire prononcer chaque voyelle composée d'abord lettre par lettre, puis en un seul temps. Faire lire les mots mis à côté.

Nota. La plupart des voyelles composées forment deux syllabes; néanmoins on doit accoutumer les élèves à passer rapidement sur la première voyelle simple, qui est plus ou moins brève. Les voyelles composées qui ne forment qu'une seule syllabe se nomment communément *diphthongues*; elles se prononcent d'une seule émission de voix.

VOYELLES COMPOSÉES
DÉRIVÉES DES VOYELLES SIMPLES.

(11ᵐᵉ LEÇON.)   (2ᵐᵉ CLASSE.)

aé	Da na é	ui	cu i re	ao	ca ca o	oué	en jou é
éa	bé a te	iu	mi u ré	oè	po è te	oueu	jou eu se
oé	po é sie	oui	jou i ra	ua	ru a de	ia	cu ri al
éo	fé o dal	iou	chi our me	uè	du è gne	io	ri o teur
ué	sa lu é	éi (²¹)	o bé ie (¹⁰)	ueu	tu eu se	iè	di è se
éu (²¹)	ré u ssi	ié	ma ri é	oua	rou a ge	ieu	pi eu se

ti a re   pia no   vi o lon   pio che   dé li é   moi tié
sié ge   niè ce   ri eu se   é pieu   ce lui   fui ra
si tué e(¹⁰) a ppu ie   ré jou ie   pa ri ée   dé vou ée   ban li eue
i am be   fi an cé   sé an ce   vian de   pen si on   su in te (¹⁸)
ca mé lé on   ha bi tu é   ré u ni ra   pié dou che   no ta ri é
dé so bé i   con dui ra   hui tiè me   dou ziè me   con ti nu el
ma té ri el   jo li e tte   pi rou e tte   ver tu eu se   zo di a cal
ca no ni al   dé su ni on   in gé ni eur   cu ri eu se   ri ché lieu

(²¹) *é* accentué se prononce toujours séparément de la voyelle qui le suit ou qui le précède.

POLYSYLLABES A VOYELLES COMPOSÉES.

(12ᵐᵉ LEÇON.)　　　　　　　　　　　　　　　　(2ᵐᵉ CLASSE.)

ga è te fé a ge ré a le bé an te sé an ce gé o de
fé o dal thé o rie ré u nie pu é ril cui sson bui sson
tui le li u re di ur ne foui ne po è me coë te
dé i té pi é ton ca o lin nu a ge su a ve fou a ce
rou a ge lu e tte (⁶) ru e lle chou e tte dou e lle lou eu se
bou eu se ri eu se di eu ze pia ffe bi a sse ro a nne
zo an the niè ce pie rre dé e sse cier ge tier ce

ré a li té bé a ti fie gé o lo gie thé o go nie thé o lo gie
thé ur gie ré u ssi te cui ra sse rui sse lle pu er pé ral
dé i ci de di é ti ne li é geu se nu a geu se bu an diè re
louangeur diacanthe vi a gè re di a dê me vi o le tte (⁶)
di o cè se violence tier ce ron vie lleu se mie lleu se
zo o na te ré é li re théorème tui le rie pui ssan te (⁸)
rouissage su a vi té violateur un noël (¹²) hé ro ï ne

bé a ti tu de thé o lo ga le bui sso nniè re ré joui ssan ce
lieu te nan ce bé a ti fie ra (¹⁰) fé o da li té di a go na le

la piété filiale fanchon la vielleuse on lève la séance
une nuée se forme Zoé touche le piano ô Vierge puissante

(¹²) Toute voyelle qui porte le *tréma* (ë, ï, ü) se prononce séparément de la voyelle précédente.

ENSEIGNEMENT

DES CONSONNES COMPOSÉES.

Pour l'enseignement des consonnes composées, suivre la même marche qu'à la onzième leçon.—Faire remarquer aux élèves que pour prononcer les consonnes composées *sifflantes*, c'est-à-dire, celles qui commencent par *s*, on doit faire d'abord sentir une espèce de sifflement, puis articuler les consonnes qui suivent, le tout en une seule émission de voix.

CONSONNES COMPOSÉES
DÉRIVÉES DES CONSONNES SIMPLES.

(13.me LEÇON.) (2.me CLASSE.)

fl	flû te	fla tte rie [10]	gr	gro tte	gra vi té
cl	cler gé [13]	clé men ce [7]	tr	tré sor [7]	trom pe tte [6]
bl	blê me	blan che rie	vr	vrè de	dé li vra
pl	pli ssé	pleu reu se [7]	sc	sco lie	scan da le
gl	gloi re	glou te ron		scè ne [23]	sci ssi on
fr	fru gal	fran chi se [7]	sp	spi ral	spec ta cle [13]
cr	crè che	cra moi si	st	sta ble	sto ma cal
br	bro dé	brû lan te	spl	splen deur	splen di de
pr	prin ce [18]	pro tec teur	scr	scri be	scru ta teur
dr	dra gée [10]	droi tu re	str	stric te	struc tu re

scor zo nè re   sci ta mi née [23]   spé cu la tif   sté ri li té
splé nal gie [10]   scru pu leu se [7]   stra ta gè me   ca té chi sme [24]

---

[23] La consonne composée *sc*, suivie d'un *e* ou d'un *i*, se prononce toujours comme *ss*.

[24] *s* suivi, dans le corps des mots, d'une consonne quelconque, commence toujours la syllabe et devient consonne composée sifflante.

POLYSYLLABES A CONSONNES COMPOSÉES.

(14ᵐᵉ LEÇON.).   (2.ᵐᵉ CLASSE.)

fleu ri   nè fle   cler gé ⁽¹³⁾ bou cle   blon din ⁽¹⁸⁾ fa ble
plan te   tri plé   gla ce   meu gla   fran ge   sou fré
cro chu   su cre   bri dé   sa bre   pri son ⁽⁷⁾   pro pre
droi te   pou dré   gran de   ti gré   tren te ⁽⁷⁾   mi tré
vre dé   chè vre   scou flin   spec tre ⁽¹³⁾ sta tue ⁽¹⁰⁾   scru te
spasme ⁽²⁴⁾ musclé fru stre re sté ⁽²⁵⁾   ve sce ⁽²³⁾   l'e spoir

flé chi ra   gi ro fle   cla ve cin ⁽⁸⁾ mi ra cle   blâ me ra
sem blable   pleu ré sie   di sci ple ⁽²³⁾ glo ri fie ⁽¹⁰⁾ é pin gle ⁽¹⁸⁾
fra ter nel   ba la fre   cri mi nel   ma ssa cre   bri gan tin
d'oc to bre   pré cur seur   mal propre   dra pe rie   dé cou dre
gra duel ⁽¹³⁾   dé ni gre   tra duc teur   cham pê tre   sur vi vra
scor pè ne   ve sce ron ⁽²⁵⁾ spec ta cle   sti pu lé   scru pu le
stra pon tin   mi ni stre ⁽²⁴⁾ pro te sta ⁽²⁵⁾ l' Espagne pro me ttra
si fflan te ⁽³⁾ sou ffri ra   l'a ppro che   s'a ggra va   com ba ttre

le mufle d'un tigre   la cloche sonne   la terre tremble
la vache beugle   la foudre gronde   la porte s'ouvre

(²⁵) *e muet* suivi, dans le corps des mots, d'une consonne composée sifflante, se prononce toujours *è*

POLYSYLLABES

A VOYELLES ET A CONSONNES COMPOSÉES.

(15ᵐᵉ LEÇON.) (2ᵐᵉ CLASSE.)

flu i de   pli a ble   blu e tte(6) cru e lle   brou e tte   pri è re
dru i de   gri o tte   trui te   siè cle   dia ble   fi a cre
brio che   pri eu re   griè che   huî tre   cui vre   mi a sme
sie ste(25) pia stre   dia cre   bru i ne   prou e sse   gri è ve
piè tre   sui vre   cuistre(24) vi a ble   brui re   tri a de
fiè vre   flu xi on   cli en te(17) pre ssi on   dian tre   scor pi on

plu via le   glo ri o le   fri piè re   cri niè re   pro dui re
gra tui te   troisième(7) sca bi eu se   nui si ble   mé di o cre
ca bri o le   di a mè tre   ge niè vre   escou a de   e spi o nne
sa bliè re   cla ri fi é   plé ni è re   brié ve té   frui tiè re
pro prié té va ri a ble   é bru i té   pre miè re   pé tri fi é
poursuivre ju sti fi é   plu vi eu se   a ttri bu é   fié vreu se
t'é bloui ra réflexion(6) su ppli an te pro ce ssi on co ri an dre

mé di o cri té   tra dui si ble   re pro dui ra   pa tri o ti sme
le merle siffle   le buffle beugle   la poule glousse
l'alouette grisolle   le cochon grogne   la grenouille coasse

ENSEIGNEMENT

DES LETTRES ÉQUIVALENTES.

Faire lire la voyelle ou la consonne, soit simple, soit composée, puis l'équivalente et les mots qui en sont formés.

(16me LEÇON.)   (2me CLASSE.)

VOYELLES ÉQUIVALANT AUX VOYELLES SIMPLES.

on écrit	on pro- nonce	dans		on écrit	on pro- nonce	dans	
au	o	pau vre	sau va ge	œ	é	œ dè me	œ no mel
ai (*)	è	mai rie (¹¹)	se mai ne	y	i	hy dre	mar ty re
ei		plei ne	ba lei ne	œu	eu	œuvée	ma nœu vre

VOYELLES ÉQUIVALANT AUX VOYELLES COMPOSÉES.

on écrit	on pro- nonce	dans		on écrit	on pro- nonce	dans	
u ai (*)	u é	sa lu ai	con ti nu ai	i au	i o	pi au le	mi au le ra
ou ai	ou é	dé vou ai	dé sen clou ai	y o		my o pie	Al cy o ne
i ai	i é	pu bli ai	cer ti fi ai	y eu	i eu	y eu se	

l'au ro re   pa raî tre   ha lei ne   œ nan the   œ illa de (²⁶)
œ ille ton   sy mé trie   manœuvré   au tru che   vul gai re
ver vei ne (¹³)   OE no ne   dy na stie   manœuvra   Ca stel nau
complainte pein tu re   OE di pe   sym bo le (¹⁸) syn co pe
douceâtre (²⁷) rougeole   nouveauté   nageoire   mangeable
pigeonneau bourgeoise vengeance sauvageon égrugeoir

(*) Les deux voyelles équivalentes *ai*, *ei*, se prononcent quelquefois comme é fermé, surtout lorsque, sans autre lettre, elles finissent le mot.

(²⁶) œ, suivi de *ill*, se prononce *eu*.

(²⁷) e *muet*, suivi de toute autre voyelle que *i* ou *u*, ne se prononce jamais.

SUITE DES LETTRES ÉQUIVALENTES.

(17ᵐᵉ LEÇON.) (2ᵐᵉ CLASSE.)

CONSONNES ÉQUIVALANT AUX CONSONNES SIMPLES.

on écrit	on prononce	dans		on écrit	on prononce	dans	
ph	f	Sophie	triomphe	k		mo ka	ki li ai re
				qu	c dur		
ilh	ill	Ca ilhau	Me ilhan (7)	cqu		quoi que	s'a cqui tta
				(*)			
sch	ch	sché ne	schi steu se	gu	g dur	gué rie	gui ta re

CONSONNES ÉQUIVALANT AUX CONSONNES COMPOSÉES.

on écrit	on prononce	dans		on écrit	on prononce	dans	
phl	fl	phla sme	phlo go se	chr	cr	chro me	chry so pée
chl	cl	chlo re	chla my de	sph	sf	sphè re	sphé ri que
phr	fr	phra se	phré ni que	squ	sc dur	squi rrhe	sque le tte (6)

dau phi ne Par dai lhac schœ nan the kin ka jou qui con que a cqué rir bé gueu le Phlé gé thon chlo ro se phré né sie chro ni que sphé ran the squi nan cie por phy re Va re ilhe (6) sché no bate ky ri e lle mar qui se becque té (28) guin guette sym pho nie phleg masie chlo ra te phry ga ne chro ni que spha cè le squi rrheu se Ra pha ël (29) hé roï sme con ti guë

le tigre rauque   le taureau beugle   l'aigle trompette
le moineau pépie   le pigeon roucoule   le coq coqueline

(*) *u* entre *q* ou *g* et une voyelle est ordinairement nul.

(28) *e muet*, suivi de la consonne composée *cqu*, se prononce *è*.

POLYSYLLABES
À LETTRES ÉQUIVALENTES.

(18ᵐᵉ LEÇON.) (2ᵐᵉ CLASSE.)

MOTS A VOYELLES ÉQUIVALENTES.

fau sse   tau pe   mau ve   gau che   frau de   l'au tre
beau té (²⁷) mar teau cha peau tau reau vai sseau traî neau
clai re   plei ne   maî tre   rei ne   vei ne   sei ze
sainte (¹⁴) plain te crain te fein te tein dre pein tre
ty ran   mar tyr ly cée   ty phon tym pan syn dic

dé bau ché ma rau de ré chau ffé l'é pau le dé chau ssé
fricandeau bordereau tombereau serpenteau chalumeau
mi tai ne po lai re fon tai ne ver vei ne Avey ron
contrainte dépeindre restreinte dy na stie symétrie
sym pa thie o lym pe tym pa non syn ta xe syn di cal

MOTS A CONSONNES ÉQUIVALENTES.

pha re   so pha zé phir gri phe dau phin Ma ilhe
Nan kin (¹⁸) fa quin clo a que pla que quel que pui sque (²⁴)
fi gue   ba gue lan gue bri gue gue rre (⁶) lon gue

Phi li ppe pho spho re Ro dol phe phy si que (⁷) Par da ilhac
ki ni que mo que rie qua ran te ma ro quin pe rru que
fa ti gué se rin gue fi gue rie gui mau ve Chri sti ne

Toute peine mérite salaire   Contre mauvaise fortune bon cœur
Evite de faire ce qui excite l'envie Aime Dieu, respecte sa loi sainte

ENSEIGNEMENT

DES CONSONNES FINALES.

Nous ne mettrons pas ici une longue série de mots à consonnes finales, dont la quantité surchargerait la mémoire de l'élève et ne servirait qu'à le décourager. Convaincu, par le sentiment des plus habiles grammairiens et par notre propre expérience, que la pratique est, à cet égard, un meilleur guide que les règles les plus simples, nous nous bornerons, dans les leçons suivantes, à marquer en caractères *italiques* les lettres qui ne doivent pas être prononcées. Il faut faire seulement observer à l'élève qu'en général il n'y a que les consonnes *f*, *l*, *ill*, *c*, *r*, et les nasales *m*, *n*, qui sonnent à la fin des mots. Les autres consonnes finales ne sont ordinairement sonores que dans les noms propres ou autres mots pris des langues étrangères.

(19me LEÇON.)   (2me CLASSE.)

MOTS A CONSONNES FINALES.

Les moules fragiles (29)	ces grasses génisses (8)	la simplicité plaît (18)
des modes solides	les grosses secousses	nos jardins sont voisins
mes tantes victimes	les profits de l'hôte (9)	des succès douteux (19)
toutes tes défaites	des héros du siècle (9)	les lui as-tu suggérés (20)
ces places propices (1)	mes jolies poupées (10)	m'aurais-tu désobéi (21)
les soucis de ces riches	Il paiera ses folies	réunissons nos cœurs
je plaçai tes neveux (2)	ô amour malheureux (11)	Noël, Saül et Adélaïde (22)
tu reçus tes pièces	as-tu lu ces livres (12)	Il est plein de science (23)
des pattes de mouches (3)	D'où êtes-vous sorties	les disciples dociles (24)
mes coiffes de tulle	les roses vermeilles (13)	ministres du très-haut
les pages du livre (4)	des perles très fines	le paradis terrestre (25)
des clous de girofle	as-tu vu leurs pareils (14)	c'est tout ce qui nous reste
j'admire mes frères (5)	fais garnir ces fauteuils	l'œillère s'est rompue (26)
tes marques d'amitié	des champs féconds (15)	coup-d'œil dédaigneux
tu vexes mes nièces (6)	les français s'y sont joints	du beau, du nouveau (27)
des bouteilles de verre	des parfums communs (16)	ces mets sont douceâtres
tes mauvaises ruses (7)	Il trempe long-tems (17)	je voulais qu'il mangeât
j'ai brisé ses chaînes	mes parents sont contents	Il vient de la Mecque (28)

---

(29) *e* muet suivi de *s* final suit la treizième règle et se prononce *è* dans les monosyllabes; mais, à la fin des mots qui ont plus d'une syllabe, il conserve sa prononciation, c'est-à-dire que le son en est peu sensible.

PIÈCES DE LECTURE.

(20ᵐᵉ LEÇON.) (2ᵐᵉ CLASSE.)

PHRASES MONOSYLLABIQUES.

Il n'y a qu'un seul Dieu. Je ne puis le voir, mais je sens qu'il est : mon cœur me le dit. Dieu est le roi des rois, le saint des saints, le Dieu des dieux. C'est lui qui a fait tout ce qui est. Dieu a l'œil en tous lieux ; il voit dans tous les cœurs. Mon cher fils, sois bon et ne fais point de cas du mal qu'on dit de toi : ne dis que ce que tu sais ; sois vrai dans ce que tu dis ; fuis tout ce qui est mal. Le jour n'es pas plus pur que le fond de mon cœur.

PHRASES POLYSYLLABIQUES.

Dieu répand ses faveurs sur les gens vertueux. Quel qu soit mon destin, j'en bénis la rigueur. Le bonheur naît so vent du sein des malheurs mêmes. L'ingrat se punit lui même du mauvias choix qu'on a fait de lui. Nous naisson dans les pleurs, nous vivons dans les plaintes, nous mou rons dans les regrets. Quiconque s'écarte de la sagess s'éloigne du seul bonheur où l'homme puisse prétend sur la terre. La religion ne veut pas qu'on regarde d'u œil d'envie la prospérité de ses semblables. Saint Lou suivait pieds nus l'étendard de la sainte croix. L'hom projette toute sa vie et meurt sans jouir de ses projets. faible craint l'opinion, le fou la brave, le sage la juge. Il a en France quatre-vingt-six départements.

TROISIÈME CLASSE.

EXCEPTIONS.

Toutes les règles qu'on peut établir sur la prononciation française sont loin de pouvoir être généralisées : il y a de nombreuses *exceptions*. Nous nous bornerons à celles que l'on rencontre le plus fréquemment.

(21ᵐᵉ LEÇON.) (3ᵐᵉ CLASSE.)

(*A*) Les désinences *er* et *ez* ont le son de *é* fermé dans

bû cher   clo chers   plan cher   dan gers   messa ger   passa gers
ro chers bou cher   gau chers   ber ger   po ta gers   men son ger
sou per   man ger   char mer   dan ser   déjeu ner   s'a mu ser
chan tez par lez   veu illez   tra cez   prohi bez   dé cou pez
dé lier   sol fiez   pa rier   ma niez   négo cier   remé diez

et dans les autres mots qui finissent par *er* ou *ez*.

(*a*) Excepté dans les mots suivants, où *er* se prononce comme *air*.

fer   mer   ver   cher   fier   hier
a mer   Auster   en fer   E sther   l'é ther   can cer
cu iller   pa ter   Ni ger   l'hi ver   Lu ci fer ca len der
bel vé der mâ che fer ma gi ster Sca li ger Ju pi ter sta thou der

PHRASES POLYSYLLABIQUES (*).

(*A*) Le soleil ne doit jamais se *coucher* sur notre colère. Le *premier* degré du pardon *est* de ne plus *parler* de l'injure qu'on a reçue. On se repent rarement de *parler* peu, très souvent de *parler* trop. *Donner* tard, c'est *refuser*. La manière de *donner* vaut plus que ce que l'on donne. L'homme ne doit point *compter* sur la vie : une vapeur, un grain de sable suffit pour la *terminer*. La courte durée de la vie ne peut nous *dissuader* de ses plaisirs, ni nous *consoler* de ses peines. Ne *quittez* jamais le certain pour l'incertain. Ne *donnez* jamais des conseils qu'il soit dangereux de suivre.

(*a*) L'an dernier, l'*hiver* fut très rigoureux. Le soleil se trouve dans le signe du cancer.

(*) Dans ces phrases et dans les suivantes, les mots à exceptions sont en caractères *italiques*.

EXCEPTIONS.

(22ᵐᵉ LEÇON.) (3ᵐᵉ CLASSE.)

(*B*) *I* tréma (*ï*) entre deux voyelles représente ordinairement un son mouillé faible.

EXEMPLES :

Ma ïa a ïeu*x* ga ïac ja ïe*t* gla ïeul ba ïo que ba ïonne tte a ïeuls bi sa ïeuls tri sa ïeuls, etc.

(*b*) *Y* précédé d'une voyelle équivaut ordinairement à deux *i* simples, et se prononce en deux syllabes.

EXEMPLES :

abbaye   pays   paysan   paysage   dépayser

et autres dérivés.

(*c*) Dans les mots suivans, le dernier *i* de *y* se prononce comme *i* mouillé :

payan*t* voyon*s* tuyau*x* frayeur*s* voyage*s*   balayez
rayai*s* moyeu*x* royau*x* payeur*s* renvoyé*s*   royaume*s*
fuyez croyon*s* royau*x* joyeu*x* crayonne*r* (*A*) grasseyez

(*d*) Mais *y* se prononce comme un seul *i* mouillé, et par conséquent en une seule syllabe, dans

Ba yeu*x* Ba yar*d* An da ye Fa yen ce Bi sca ye Ba yo nne

et autres noms propres d'homme ou de ville, et dérivés.

PHRASES POLYSYLLABIQUES.

(*B*) Dan*s* le départemen*t* du Var, il se fabrique beaucou*p* de *faïence*. C'es*t* là que son *bisaïeul* fut tué d'un cou*p* de *baïonnette*. La *baïoque* d'Italie vaut trois centimes de France. —(*b*) Nul n'es*t* prophète dan*s* son *pays*. Ce gros *paysan* passe pour le plu*s* gourman*d* de son village.— (*c*) Ce *voyageur* trouve notre pay*s* charman*t*. Nou*s* côtoyion*s* le*s* rivage*s* de l'Egypte, lorsque nou*s* fûme*s* surpri*s* par le*s* pirate*s*. Dans cette circonstance, la garde *royale déploya* un grand courage. La *croyance* de*s* vérités révélées constitue la foi. *Employez* tous vo*s* moment*s* de loisir à étudier vo*s* leçon*s*. — (*d*) De *Bayonne* j'irai dan*s* la *Biscaye*.

EXCEPTIONS.

(23ᵐᵉ LEÇON.) (3ᵐᵉ CLASSE.)

(c) *e muet*, suivi de *m* ou *n*, se prononce *é* nasal,

1° Dans

Men tor Ben ja min hy men exa men
rien bien mien tien sien chien lien
Lu cien Ju lien gar diens Phry gien Pha ri siens mu si cien
Adrien Indiens gordien Chré tiens Cyr é né en Eu ropéens

et dans tous les mots terminés au singulier par *ien* ou *éen*, sans autre lettre, et dérivés.

2° Dans

tien drais vien drons con tient par vien drais main tien dront

et dans tous les temps des verbes en *enir* où il entre *ien*.

(e) *é* n'est point nasal et on ne prononce qu'un seul *m* ou *n* dans

le mme dile mme

e nne mi

Vie nne Re nnes ga re nne Cé ve nnes Cas pie nne re pre nnes

et dans tous les mots terminés par *enne*.

PHRASES POLYSYLLABIQUES.

(c) 1° Le sage *Mentor* aima Télémaque jusqu'à le suivre dans ses voyages téméraires. Jacob aimait tendrement son fils *Benjamin*. Les lois de l'*hymen* ne sont douces que pour les cœurs fidèles. Ne jugeons promptement de personne ni en *bien* ni en mal. La vertu est le premier des *biens*. Celui-là est riche qui ne désire *rien*. Il n'y a *rien* qui contribue plus que l'amitié à la douceur de la vie. Marseille fut fondée par une colonie de *Phocéens*.
2° La meilleure leçon *vient* de l'adversité. Un *bienfait* reproché *tient* toujours lieu d'offense. Il n'*appartient* qu'à la main qui a créé la mer, de lui donner des lois. — (e) Les Lapons se font traîner par des *rennes*. Ce muletier vient des *Cévennes*.

EXCEPTIONS.

(24me leçon.) (3me classe.)

(*f*) *e* muet, suivi d'un double *m* ou *n*, a le son de *a* sans nasalité, et l'on ne prononce qu'un seul *m* ou *n*,

1° Dans

fe mme   fe mme le tte
ne nni   roue nne   ries   so le nni ser   so le nnel   so le nnité

et autres dérivés.

2° Dans

ré ce mment vio le mment   dé ce mment   di ffé re mment
ar de mment pru de mment fré que mment   élo que mment

et dans tous les mots qui finissent par *emment*.

(*g*) *e* muet initial, suivi d'une syllabe qui commence par *n* ou *nh*, se prononce ordinairement *a* nasal.

EXEMPLES :

e noi se ler   s'e ni vrer   e ni vrant   e ni vre ment

e nher ber $\overset{m}{(9)}$ e nharmonique e nhardir $\overset{a}{(9)}$ e nhar na cher, etc.

(*h*) *e* muet initial, suivi d'un double *m* ou *n*, conserve la prononciation de *a* nasal.

1° Dans

em motter em me né em mu se ler em mie llé em ma illo ter

et dans tous les mots, excepté les noms propres, qui commencent par *emm*.

2° Dans

en no blir   en nuyer   en nui   en nu yeu se

et autres dérivés.

PHRASES POLYSYLLABIQUES.

(*f*) 1° Ces *femmes* sont les plus vertueuses que je connaisse. Ce marchand vend toutes sortes de *rouenneries*. 2° Si vous confessez votre faute, vous serez traité *indulgemment*. Je vous parle *confidemment*. N'allez pas si *fréquemment* chez cette personne. Comportez-vous *prudemment* dans le commerce de la vie. — (*g*) L'homme *s'enivre* du torrent des délices. L'*enivrement* des passions cause souvent les plus grands maux. — (*h*) 1° Qu'on l'*emmène*, ce méchant! 2° Le monde, depuis qu'il est monde, se plaint qu'il s'*ennuie*. Qu'il m'*ennuyait* de ne pas vous voir!

EXCEPTIONS.

(25ᵐᵉ LEÇON.)　　　　　　　　　　　　　　(3ᵐᵉ CLASSE.)

(*i*) La finale *nt*, précédée d'un *e* muet, est nulle à la troisième personne plurielle des verbes seulement.

EXEMPLES :

ils man ge*nt*	man gè re*nt*	man gea sse*nt* (²⁷)	man geaie*nt* (¹⁰)	man ge raie*nt*
elles sor tent	sor ti rent	sor ti ssent	sor taient	sor ti raient
ils veu lent	vou lu rent	vou lu ssent	vou laient	vou draient
elles pei gnent	pei gni rent	pei gni ssent	pei gnaient	pein draient
ils sa luent (¹⁰)	sa luè rent	sa lu a ssent	sa lu aient	sa lue raient
elles renouent	renouèrent	re nou a ssent	re nou aient	re noue raient
ils ré créent	ré cré èrent	ré cré a ssent	ré cré aient	re crée raient
elles co pient	co piè rent	co pi a ssent	co pi aient	co pie raient

PHRASES POLYSYLLABIQUES.

(*i*) Tou*s* le*s* fau*x* bien*s* *produisent* de véritable*s* mau*x*. Il n'y a que ceu*x* qui ne *craignent* pa*s* la mort qui *sachent* jouir de la vie. Quoique les méchant*s* *prospèrent* quelquefois, ne pensez pa*s* qu'il*s* *jouissent* du bonheur. Ceu*x* qui n'ont jamai*s* souffert ne *savent* rien : il*s* ne *connaissent* ni le*s* bien*s* ni le*s* mau*x*. Ceu*x* qui dan*s* la prospérité n'*avaient* point d'entraille*s* pour le*s* malheureu*x*, ne *doivent* pas s'attendre qu'on le*s* plaigne dan*s* leur chute. Fuyez le*s* procè*s* ; la conscience s'y intéresse, la santé s'y altère, le*s* bien*s* s'y *dissipent*. Beaucoup de personne*s* *voudraient* savoir, mai*s* peu *désirent* d'apprendre. Le*s* fréquent*s* jurement*s* ne *rendent* pas le menteur plu*s* digne d'être cru. Les grand*s* défaut*s* se *réforment* rarement.

EXCEPTIONS.

(26ᵐᵉ LEÇON.)   (3ᵐᵉ CLASSE.)

(*D*) *u*, suivi de *m* ou *n*, se prononce *o* nasal dans,

du um vir   du um vi rat   tri um vir   tri um vi rat
jun te   jun ca ria   tung sta te   nun di na le*s*   nun cu pa tif

et certains autres mots pris des langues étrangères.

(*j*) Mais *um* se prononce *om*, sans nasalité, dans

o pi um fo rum   mu sé um   dé co rum   ma xi mum   mi ni mum

et dans tous les mots qui finissent par *um*, excepté dans *parfum*.

(*E*) *i*, suivi de *m* ou *n*, se prononce *i*, sans nasalité,

1° Dans

Sé lim   in té rim   I bra him   E phra ïm

et dans tous les mots qui finissent par *im*, excepté *Joachim*.

2° Dans

im men se   in no mé   im mi nen*t*   in no mi né   im mé di a*ts*

et dans tous les mots qui commencent par *imm* ou *inn*.

(*k*) On ne prononce qu'un seul *n* dans

i nnom bra ble   i nnom bra ble men*t*   i nno cen te*r*
i nno cen ce   i nno ce mmen*t*   (*f* 2°)

et autres dérivés.

(*l*) *y*, suivi de *m*, conserve également la prononciation de *i*, sans nasalité, dans

hy mne   hy mno des   gy mna se   hy mno te   gy mni que
gy mni ste

et autres mots tirés du grec, et dérivés.

PHRASES POLYSYLLABIQUES.

(*D*). L'établissemen*t* de la puissance *triumvirale* porta un cou*p* mortel à la liberté de*s* Romain*s*. Le Roi n'a dû son salut qu'au zèle de la *junte*. — (*j*) L'excès de l'*opium* es*t* très dangereu*x*. Viendrez-vous visiter le *muséum*? — (*E*) 1° *Ibrahim*-Pacha n'es*t* pas tro*p* barbare. Ce*s* janissaire*s* vinren*t* de la part de *Sélim*. — 2° L'*immensité* de l'espace ne peu*t* fatigue*r* la pensée. Il es*t* dangereu*x* d'*innover* dans le*s* chose*s* de religion. (*k*) Dieu es*t* le meilleur juge de l'innocence. — (*l*) Allon*s* voir le nouveau gymnase. Savez-vou*s* l'air de l'hymne de ce jour?

EXCEPTIONS.

(27ᵐᵉ LEÇON.)   (3ᵐᵉ CLASSE.)

(F) *t*, suivi d'une voyelle composée qui commence par *i*, se prononce *ss* (ci).

1° Dans

i ni tie*r* bal bu tie*r* i ni tie*s* (¹⁰) bal bu tie*s* i ni tion*s*
bal bu tion*s*

et dans tous les temps de ces deux verbes, ainsi que dans leurs dérivés.

2° Dans :

mar tial nup tia le par ti el essen ti elle sé di ti eux cap ti euse

et dans tous les mots en *tial*, *tiale*; *tiel*, *tielle*; *tieux*, *tieuse*, et dérivés.

3° Dans

quo tien*t* pa tien te*r* s'im pa tien te*r* pa tien ce im pa tien te

et autres dérivés.

4° Dans

Gra tien Do mi tien Ca pé tien Bé o tien Vé ni tien
E gyp tie nne

et autres noms propres d'homme, de famille ou de peuple.

5° Dans

fic tion li ba ti on*s* con di ti on ré duc ti on*s* bé né dic ti on
na tion*s* di rec ti on gra da ti on*s* mu ni ti on pré di ca ti on
fric tion ten ta ti on*s* ve xa ti on na rra ti on*s* mé di ta ti on
sta tion*s* fon da ti on tra duc tion pro tec ti on in sti tu tion*s*

et dans presque tous les substantifs en *tion*, et dérivés.

6° Dans

Cro a tie (¹⁰) i ner tie fa cé tie pri ma tie pro phé tie diplomatie
Bé o tie i nep tie mi nu tie Dal ma tie théo cra tie im pé ri tie

---

PHRASES POLYSYLLABIQUES.

(F) 1° On l'a *initié* à nos mystères sacrés.— 2° Les *séditieux* n'obtinrent qu'un succès *partiel*. — 3° La raison supporte les disgraces, le courage les combat, la *patience* les surmonte. Il suffit de vivre pour sentir la nécessité d'être *patient*. — 4° *Gratien* fut proclamé empereur par les légions romaines. — 5° Il n'y a aucune *condition* qui n'ait ses peines. Les sages *précautions* préviennent la disette, les *consommations* superflues la causent quelquefois. — 6° Il dit facilement d'aimables *facéties*.

EXCEPTIONS.

(28ᵐᵉ LEÇON.)   (3ᵐᵉ CLASSE.)

(*m*) Mais *t* conserve sa prononciation primitive (*ti*),

1° Dans

tia re tié dir tié deur tienne tier cer tier çon tier ce ron

et dans tous les mots qui commence par *ti*.

2° dans :

mix tion bas tion ges tion ques tion di ges tion con ges tion

et dans tous les mots où *ti* est précédé d'un *x* ou d'un *s*.

3° Dans

nous por tions vous chan tiez nous dic tions vous goû ti ez
vous men tiez nous sor tions vous ba ttiez nous mettions

et dans tous les verbes, excepté, comme nous l'avons déjà dit, dans *initier* et *balbutier*.

4° Dans :

sen tier ra tiè re quar tier frui tiè re bé ni tier ca fe tiè re

et dans tous les noms en *tier*, *tière*.

5° Dans

chré tien chré tie nne sou tien an tie nne en tre tien
en tre tie nne

et dans tous les mots, exceptés les noms propres (*F* 4°) qui finissent par *tien*, *tienne*, ainsi que dans le temps du verbe *tenir*, et dérivés, où il entre *ien*.

6° Dans

or tie tu tie pa rtie sor tie pi tié moi tié a mi tié, *etc.*

PHRASES POLYSYLLABIQUES.

(*m*) 1° La plupart des citoyens sont *tièdes* sur l'intérêt public. La *tiédeur* de ses partisans ne l'empêcha pas d'obtenir la *tiare*.— 2° Ce financier mourut d'*indigestion*. Ce vaisseau vient de *Bastia*, ville de Corse.— 3° Nous *sortions* de la place, lorsque vous *combattiez* si bien. Vous *portiez* les marques de l'esclavage, quand nous *chantions* vos triomphes.— 4° Il n'a jamais dévié du *sentier* de l'honneur. Mandez-nous ce qui se passe dans vos *quartiers*. Ma *fruitière* m'a cassé une superbe *cafetière* de porcelaine. — 5° Dieu sera notre plus puissant *soutien*. On va recommencer l'*antienne*. — 6° L'*amitié* en recevra une bonne *partie*.

EXCEPTIONS.

29ᵐᵉ LEÇON.)   (3ᵐᵉ CLASSE.)

(*G*) La double consonne *ll* se prononce *ill* dans

fi lle   bi lles   fa mi lle   gen ti lles   co qui lle   mo ri lles
vri lles   dri lle   len ti lles   fau ci lle   bé qui lles   va ni lle
gri lle   qui lles   cé di lle   pa sti lles   flo ti lle   gue ni lles
si llons   gri llon   du ri llons   ca ri llon   pa pi llons   tor ti llon
ti llac   fi lleuls   ba bi llard   vri lle ttes   si lla ge   bri llan tes
pi ller   bri llez   pé ti ller   de ssi llez   tor ti ller   rha bi llez

et dans les autres mots où le double *ll* est précédé d'une syllabe qui finit par *i*.

(*n*) Excepté dans les mots suivans, où les deux *l* ne sont pas mouillés.

mi lle   mi llier   mi llion   mi lliard
sci lle   o sci lle   va ci lle   co di ci lle
gi lle   pu pi lle   fi bri lle   di sti lle   tran qui lle
vi lle   vau de vi lle

Li lle   A chi lle   Cal vi lle   Join vi lle   Be lle vi lle   Charle vi lle
et dérivés.

PHRASES POLYSYLLABIQUES.

(*G*) Votre petite *fille* paraît bien *gentille*. L'éclair *brille* dans la nue. Je *grille* de retourner dans ma *famille*. Il n'aime pas l'odeur de la *vanille*. Le sang lui *pétille* dans les veines. Une fortune *brillante* ne rend pas le sort plus digne d'estime. Ah! le joli *papillon!* Ce *durillon* me fait bien souffrir. Le capitaine fumait sur le *tillac*. J'achète ce joujou pour mon petit *filleul*.—
(*n*) La voiture s'arrêta à deux *milles* de la ville. Les remords qui déchirent le coupable l'empêchent de dormir *tranquille*. Ce *vaudeville* n'a pas réussi. La *ville* de *Charleville* n'est pas désagréable.

EXCEPTIONS.

(30ᵐᵉ LEÇON.) (3ᵐᵉ CLASSE.)

(*H*) *ill* se prononce *il-l*, en deux syllabes, dans

il lu stre il lé gal il lici te il lu soi re il lé gi ti mes
il le ttré il lu sion il limi té il lu mi né il li si bles

et dans tous les mots qui commencent par *ill*.

(*I*) *gn* se prononce *gue n*.

1° Dans

gno me Gne sne gni die gno mon gna ve lle gno sti ques

et dans tous les mots qui commencent par *gn*.

2° Dans

ag nus ag nat cog nat Prog né stag nant i nex pug na ble

et autres mots pris du latin, et dérivés.

(*J*) *ue*, entre *c* ou *g* et la consonne *ill*, se prononce *eu*.

EXEMPLES :

a ccueil é cueil cer cueil re cueil or gueil cue i llir
re cue illir or gue illeux

et autres dérivés.

PHRASES POLYSYLLABIQUES.

(*H*) L'*illustre* conquérant qui naquit parmi nous
De tant d'*illusions* renversa l'édifice.

Ce prince s'*illustra* par de grandes conquêtes. Toute la ville sera *illuminée*. — (*I*) 1° La *gnomonique* fait partie des mathémathiques. Je me souviendrai toujours de la ville de *Gnesne*. 2° On chantait l'*agnus dei* lorsque nous passâmes devant l'église. La semence de l'*agnus castus* tempère l'ardeur du sang. — (*J*) Nous naviguions dans cette mer pleine d'*écueils*. On fait de l'*orgueil* le supplément du mérite. Avez-vous lu ce petit *recueil* de poésies? L'*orgueilleux* sera confondu. La pauvreté, la misère, tous les malheurs du monde l'*accueillirent*.

EXCEPTIONS.

(31ᵐᵉ LEÇON.) (3ᵐᵉ CLASSE.)

(*K̆*) *ch* se prononce comme *k*,

1° Dans

Ioch Ba ruch Zu rich Ha ba cuch

et dans tous les mots qui finissent par *ch*, excepté dans *Auch* (ville) et *punch* (liqueur).

2° Dans

Ba cchu*s* Ba cchan te*s* ba ccha na le*s* ba cchi o ni te*s*

et dans tous les mots où *ch* est précédé de *c*.

3° Dans

chal cis Chal dée Chal cé doi ne Chal daï que chal co gra phe

et dans tous les mots qui commencent par la syllabe *chal*.

4° Dans

chœur cho rus cho ri ste chor da pse cho ré vê que

a na cho rè te

et dans tous les mots où *cho* est suivi de *r*.

5° Dans

tech ni que tech no lo gie po ly tech ni que phi lo tech ni que

et dans tous les mots où *ch* est suivi de *n*.

6° Dans

chao*s* Cha ryb de chi ro lo gie Cher so nè se chi ro man cien
é cho*s* Mel chior ar chan ge*s* Melchisédech ca té chu mène*s*
or che stre Jé ri cho pa triar chal eu cha ris tie

et autres mots tirés du grec ou de l'hébreu.

PHRASES POLYSYLLABIQUES.

(*K*) 1° Avez-vous lu le prophète *Baruch?* C'est le costume de*s* jeune*s* fille*s* de *Zurich*.—2° Le*s* matelot*s* chantaien*t* le*s* louanges de *Bacchus*. Ce*s* femme*s* couraien*t* comme de*s* *bacchantes*.—3° Le concile de *Chalcédoine* décida la question. La langue *chaldaïque* n'es*t* connue que de*s* savan*ts*. — 4° Ce cantique sera chanté à quatre *chœurs* de musique. Le*s* savan*ts* ne conviennen*t* pa*s* de*s* fonction*s* ni de*s* prérogatives de*s* *chorévéques*.— 5° L'an prochain j'irai à l'école *polytechnique*.—6° L'écho de la forêt répétai*t* no*s* chanson*s*. Je saurai débrouille*r* ce *chaos* d'inciden*ts*.

EXCEPTIONS.

(32me LEÇON.) (3me CLASSE.)

(*L*) La consonne *x* se prononce,

1° Comme *c dur*, dans

ex cès ex cé der ex cel ler ex cep ter ex ce ssif ex ci ter ex ci per

et dans les mots où *c*, précédé de *x*, est suivi d'un *e* ou d'un *i*.

2° Comme *ss*, dans

Au xe rre au xe rrois Au xo nne Bru xe lles soi xan te

et dérivés.

3° Comme *gz*, dans

Xa vier (*n. p.*)

e xal ter e xor de e xul ter e xé cu ter e xi ger e xi sten ce
e xem ple e xhor ter e xhu mer e xhi ber e xhau sser e xha ler
he xa è dre he xa po des he xa mè tre he xa go ne he xa mé ron

et dans tous les mots qui commencent par *ex*, *exh* ou *hex*, suivi d'une voyelle.

4° Comme *z*, dans

si xain si xiè me di xiè me dix-huit deuxième

et dérivés.

PHRASES POLYSYLLABIQUES.

(*L*) 1° Tâchez d'*exceller* dans l'art de lire. Dieu est l'être par *excellence*. Fuyez l'*excès* dans tous les genres. Prenez l'*excédent*. On n'a excepté que les fils de veuves. C'est ce qui *excite* l'ardeur de nos soldats. A l'*exception* de dix, tous se sauvèrent du naufrage.— 2° Nous passâmes près de la ville d'*Auxerre*. Il ne reviendra de *Bruxelles* que dans *soixante* jours.— 3° Tu *exerces* ma patience de toutes les manières. Tu promis d'*exaucer* le premier de mes vœux. Les méchants sont l'*exécration* de la société. Ces soldats vont faire l'*exercice*. Le maître l'*exhorta* au travail. L'*hexagone* se compose de six côtés. — 4° J'ai rempli mon *sixain* de bonne bière. C'est la *deuxième* fois que cela arrive.

QUATRIÈME CLASSE.

DE LA LIAISON ET DE L'ÉLISION DES MOTS.

Lorsqu'une consonne finale sonore est suivie d'un mot qui commence par une voyelle ou un *h* muet, il y a ordinairement *liaison*, c'est-à-dire, que les deux mots qui se lient se prononcent comme s'ils n'en faisaient qu'un. Dans ce cas, le *f* se change en *v*, le *d* en *t*, le *g* en *c*, le *x* et le *s* en *z*, et le *n* nasal en *n* naturel, la nasalité devenant alors imperceptible. Ainsi, *neuf ans*, *grand homme*, *sang aduste*, *six élèves*, *les anges*, *un ami*, *mon hôtel*, etc., se prononcent *neuvans*, *granthomme*, *sancaduste*, *seizélèves*, *lézanges*, *eunami*, *monôtel*, etc.

Quant un mot finit par un *e* muet et que le mot suivant commence par une voyelle ou un *h* muet, cet *e* devient nul (à moins que le sens de la phrase n'exige un repos), et l'on prononce les deux mots comme s'ils n'en faisaient qu'un. Par exemple, *fidèle ami*, *quinze hommes*, etc., se prononcent comme s'il y avait *fidèlami*, *quinzhommes*, etc.

(33ᵐᵉ LEÇON.) (4ᵐᵉ CLASSE.)

EXEMPLES DE LIAISON :

neuf ardoises   quel intérêt   bail à ferme   avec ardeur
par escalade   pour un mois   le grand œuvre   quand il vient
un rang élevé   sang et eau   aux étrangers   deux orangers
six officiers   dix écoliers   les yeux en feu   des ennemis
mes affaires   tes exploits   ces habitudes   nos illusions
vos œuvres   leurs actions   en un jour   un instrument
mon ami vient   ton oncle sort   son habit bleu   cet arbre vert
fait-il beau   nous eûmes eu (*)   vous eûtes eu   ils eurent eu

EXEMPLES D'ÉLISION :

une impression nette   une heure et demie   notre honneur en dépend
notre unique espoir   votre oncle est arrivé   votre hôtesse est venue
cette église est belle   cette fille est gentille   la ville a mille ames
l'histoire est touchante   elle aime à s'amuser   elle est de bonne humeur

---

(*) La voyelle *eu* se prononce *u* dans le temps du verbe *avoir*.

PHRASES POLYSYLLABIQUES.

(34ᵐᵉ LEÇON.)   (4ᵉᵐ CLASSE.)

LIAISON.

Aimez-vous les uns les autres, dit notre Seigneur à ses disciples. Ne faites pas aux autres ce que vous ne voudriez pas qu'on vous fît. Le meilleur remède contre l'ennui, ce sont des occupations qui se succèdent sans interruption les unes aux autres. Ne jugeons pas des bois par leur écorce, ni des hommes par leur extérieur. Croyez-vous qu'on devienne savant sans étudier? La chose la plus aisée devient pénible quand on la fait à contre-cœur. En continuant à vous appliquer, vous deviendrez habile dans la lecture. Il est bon de se dire tous les jours à soi-même : A quoi as-tu employé la journée? Où as-tu été? Qu'as-tu fait à propos? Qu'as-tu fait à contre-temps?.....

ÉLISION.

Mon fils, l'amitié que j'ai pour toi m'engage à te dire : Evite tout ce qui peut te nuire et te rendre désagréable aux yeux des autres. Un enfant sage et laborieux est aimé de tout le monde. Au souverain des cieux apportons notre hommage. L'homme sage met sa confiance en Dieu. La modestie ajoute au mérite. L'amour pour son père et sa mère est la base de toutes les vertus. La paresse et l'oisiveté sont les avant-coureurs de la misère. Mes amis, aimez le travail, afin que vous puissiez un jour vous suffire à vous-mêmes. L'honnête homme ne s'abaisse jamais jusqu'à feindre. Excepté la vertu, tout passe comme un songe.

LECTURES GRADUÉES.

JULES LE MUSARD.

Il y avait un enfant tout petit (car s'il avait été plus grand, j'ose croire qu'il eût été plus sage; mais il n'était guère plus haut que cette table) : son nom était Jules.

Sa maman l'envoya un jour à l'école. Le temps était fort beau, le soleil brillait sans nuages, et les oiseaux chantaient sur les buissons. Le petit Jules aurait mieux aimé courir dans les champs que d'aller se renfermer avec ses livres. Il demande à la jeune fille qui le conduisait, si elle voulait jouer avec lui. Mon ami, lui répondit-elle, j'ai autre chose à faire que de jouer. Lorsque je vous aurai conduit à l'école, il faudra que j'aille à l'autre bout du village chercher de la laine à filer pour ma mère; autrement elle resterait sans travailler, et elle n'aurait pas d'argent pour acheter du pain.

Un moment après, il vit une abeille qui voltigeait d'une fleur à l'autre. Jules dit à la jeune fille : J'aurais bien envie d'aller jouer avec l'abeille. Mais sa petite bonne lui répondit que l'abeille avait autre chose à faire que de jouer, qu'elle était occupée à voler de fleur en fleur pour y ramasser de quoi faire du miel dans sa ruche.

Alors il vint à passer un chien dont le poil était blanc et couvert de grandes taches rousses. Le petit Jules aurait bien voulu jouer avec lui ; mais un chasseur qui était près de là se mit à siffler ; aussitôt le chien courut vers son maître, le suivit dans les champs, et ne tarda pas à faire lever une perdrix, que le chasseur tua d'un coup de fusil pour son dîner.

Le petit Jules continua son chemin, et vit au pied d'une haie un petit oiseau qui sautillait légèrement. Oh! le voilà qui joue tout seul, dit-il; il sera peut-être bien aise que j'aille jouer avec lui. Oh! pour cela, non, répondit la jeune fille; cet oiseau a bien autre chose à faire que de jouer avec les petits garçons. Il faut qu'il ramasse de tous côtés de la paille, de la laine et de la mousse, pour construire son nid. En effet, au même instant l'oiseau s'envola, tenant à son bec un grand brin de paille qu'il venait de trouver, et alla se percher sur un grand arbre, où il avait commencé à bâtir son nid dans le feuillage.

Enfin, le petit Jules rencontra un cheval au bord d'une prairie. Il voulut aller jouer avec lui; mais il vint un laboureur qui amena le cheval, en disant à Jules : Mon cheval a bien autre chose à faire que de jouer avec vous, mon enfant. Il faut qu'il vienne m'aider à labourer mes terres; autrement le blé ne pourrait pas y venir, et nous n'aurions pas de pain. Alors le petit Jules sentit la nécessité du travail, se mit à réfléchir, et il se dit à lui même : Puisque tout ce que je viens de voir est occupé et n'a pas le temps de s'amuser, il faut bien que je m'occupe aussi, et que je fasse quelque chose de mieux que de jouer. Je vais aller tout droit à l'école, et apprendre mes leçons.

LE PLUS BEAU PRÉSENT

QU'UN ENFANT PUISSE FAIRE A SA MÈRE.

Monsieur *, dit un jour le petit Jules à son maître d'école, c'est dans un mois la fête de maman; je veux, pour mon bouquet, savoir lire dans tous les livres. Je suis sûr,

---

(*) Ce mot se prononce *mocieu*.

par là, de faire plaisir à maman. Je dois faire tout mon possible pour la contenter, car elle m'aime beaucoup.

Le maître fut bien surpris d'entendre parler ainsi un enfant qui n'avait pas cinq ans. Il l'embrassa, et lui promit de le seconder de tout son pouvoir. Mais Jules ne se fiait que sur lui-même; il savait que son maître, entouré de vingt ou trente enfans, ne pouvait pas toujours s'occuper de lui. Il étudia seul comme un homme; seulement, il priait quelquefois ses camarades de lui aider à lire de certains mots difficiles, et il les retenait bien ensuite. Il s'appliqua de si bon cœur, qu'à l'époque désignée, il était véritablement en état de lire dans tous les livres.

Le jour de la fête de sa maman, il lut sans hésiter dans le premier livre qu'elle lui présenta. Lorsqu'il eut fini : « Maman, lui dit-il en l'embrassant, je me suis bien appliqué, afin de vous donner pour votre fête une grande satisfaction, comme vous le dites toujours. » Cette bonne mère, émue jusqu'aux larmes, serra son fils dans ses bras : « Mon cher Jules, lui dit-elle, tu ne pouvais, en effet, me faire un plus grand plaisir : t'instruire en remplissant tes devoirs, c'est le plus beau présent que tu puisses faire à ta mère. »

ELISA,
OU LA PETITE FILLE DE QUATRE ANS QUE TOUT LE MONDE AIME.

Madame de Vilmont avait une petite fille nommée Adèle, qui était remplie de petits défauts : elle bâillait tout haut en compagnie, passait et repassait impoliment devant le monde sans faire la révérence; elle se rendait importune par son tapage, montait sur le bâton des chaises où l'on était assis, voulait tout entendre, tout savoir, faisait des questions déplacées, enfin, se comportait si mal, que les meilleures amies de sa mère la fuyaient. Adèle avait pourtant de l'amour-propre : elle aurait bien voulu qu'on lui fît des amitiés; mais elle ne faisait rien pour cela.

Un jour, étant à la promenade, elle remarqua une jolie petite fille que chacun accueillait de la manière la plus flatteuse : « Maman, dit-elle à sa mère, qu'a donc fait cette petite fille que je vois là-bas ? Tout le monde la caresse et lui donne des bonbons. — Je vais te le dire, ma chère petite : Cette petite fille se nomme Elisa ; on n'est pas plus aimable qu'elle : sa douceur, sa politesse et son obéissance la font chérir de tous ceux qui la voient. Son père et sa mère l'aiment à la folie, et ils ont bien raison. Tous les matins, Elisa, sans se le faire dire, offre son cœur à Dieu en s'éveillant ; elle se laisse habiller, débarbouiller, sans jamais verser une larme ; on la voit toujours de la meilleure humeur du monde ; quand elle est prête, elle fait sa prière à haute voix, avec la piété d'un petit ange. Après avoir prié le bon Dieu, qu'il faut aimer et servir par dessus tout, Elisa va souhaiter le bon jour à son papa et à sa maman ; elle leur demande comment ils ont passé la nuit ; ensuite, au lieu de les étourdir en courant par la chambre, ou parlant à tort et à travers, elle prend sa poupée et s'assied jusqu'à ce qu'on l'appelle pour lui donner à déjeuner. Tout le long du jour elle est gaie, douce, bonne et très obéissante ; elle lit déjà très passablement. A la promenade, elle ne quitte jamais sa maman, et elle ne fait que ce qu'on lui ordonne ; aussi sa robe est toujours propre, et ses mains nettes, parce qu'elle ne se traîne point. Elle n'a pas la mauvaise habitude de porter sa main à sa tête ou à son nez ; elle se mouche souvent, et sans se le faire dire. Propre, polie, caressante, elle est recherchée et aimée de tout le monde, comme tu peux le voir. »

Adèle avait de l'esprit : elle pria sa maman de lui faire connaître cette petite fille si parfaite, afin qu'elle l'imitât pour être aimée aussi. Sa maman la mena chez Elisa. Elle observa sa nouvelle amie, la copia jusque dans les moindres choses, et devint comme elle très intéressante. Cela est très facile à croire : la bonne éducation, jointe au désir sincère de se corriger, fait disparaître les défauts, lorsqu'ils n'ont pas leur source dans le cœur.

L'AMOUR DE LA VÉRITÉ.

Sophie de Barthes était une des plus jolies petites filles que vous ayez jamais vues. Son caractère était aussi doux que son regard ; elle avait un cœur sensible et obligeant, et elle se faisait chérir de toutes les personnes de sa connaissance : son père et sa mère en raffolaient. Ils eurent soin de cultiver son esprit en sorte qu'avant d'être parvenue à l'âge de sept ans, elle savait lire et écrire comme une petite femme. Son papa, homme franc et qui avait toujours la vérité sur les lèvres, étant un jour assis auprès du feu, la prit sur ses genoux et lui dit : « Ma chère Sophie, garde-toi de dire jamais un mensonge, et je t'aimerai toujours comme je t'aime à présent. Il peut arriver quelquefois que nous nous rendions coupables d'une faute; mais, au lieu de la déguiser, il est toujours de notre devoir d'en convenir, et de chercher à nous en préserver pour la suite. Un mensonge ne sert qu'à rendre la faute plus grande, même quand elle resterait secrète; et, s'il vient à se découvrir, il rend le menteur méprisable aux yeux de tout le monde. »

« O mon papa, lui répondit Sophie en l'embrassant, je ne serai jamais tentée de recourir à un mensonge pour m'excuser. »

Quelques jours après, Sophie alla faire une visite à une de ses amies dans le voisinage. Sa mère lui recommanda bien expressément de revenir à la maison avant sept heures. Sophie le promit, et sûrement son intention était bien de tenir sa promesse. Mais comme on la fit jouer à différens jeux, le temps s'écoula sans qu'elle s'en aperçût. Neuf heures étaient sonnées avant qu'elle songeât à se retirer; et sa maman fut obligée de l'envoyer chercher par sa femme de chambre, Catherine.

Lorsque Sophie apprit qu'il était si tard, elle fut bien effrayée, et se mit à pleurer en pensant qu'elle avait désobéi à sa maman. Catherine lui dit que c'était une folie de fondre en larmes, qu'elle pourrait dire que son amie l'avait fait rester malgré elle, ou bien qu'elle pourrait imaginer toute autre chose pour s'excuser. « *Fi donc !* Catherine, répondit Sophie, je veux avouer à maman la vérité; et, si elle est en colère, je lui dirai que je suis bien fâchée d'avoir manqué à ses ordres, et que je lui en demande pardon. »

Ce fut en effet le parti qu'elle prit, malgré les mauvais conseils de la femme de chambre.

Sa mère était auparavant bien irritée; mais quand elle entendit que Sophie, au lieu de chercher à couvrir sa faute, l'avouait ingénuemnt et en demandait pardon, elle n'eut pas de peine à lui accorder sa grace.

Quelque temps après, cette même Catherine qui avait si bien conseillé à Sophie de dire un mensonge à sa maman, en dit un pour son propre compte; voici comment :

Elle avait cassé une tasse de porcelaine; et, pour mieux s'excuser, elle dit que c'était Sophie qui l'avait cassée.

Sophie, appelée devant sa mère, soutint avec fermeté que ce n'était pas elle.

« Ma chère maman, ajouta-t-elle, si j'étais coupable, je ne craindrais pas de l'avouer; car je suis sûre que vous seriez moins en colère contre moi, si j'avais brisé toute votre porcelaine, que si je vous avais dit un seul mensonge. »

Catherine cependant soutenait toujours que c'était Sophie; mais à la fin un autre domestique que l'on interrogea découvrit le mystère. Qu'en arriva-t-il? Catherine fut alors chassée honteusement de la maison, au lieu que Sophie en devint plus chère à sa maman.

Elle n'avait besoin que d'assurer simplement un fait pour qu'on y ajoutât foi, comme si on l'avait vu.

Quel bonheur pour Sophie! Elle en était redevable à son amour pour la vérité.

LA PETITE FILLE GROGNON.

O vous, enfans qui avez eu le malheur de contracter une habitude vicieuse, c'est pour votre consolation et pour votre encouragement que je vais raconter l'histoire suivante. Vous y verrez qu'il est possible de se corriger, lorsqu'on en prend au fond de son cœur la courageuse résolution.

Rosalie, jusqu'à sa septième année, avait été la joie de ses parens. A cet âge où la lumière naissante de la raison commence à nous découvrir la laideur de nos défauts, elle en avait pris un, au contraire, qu'on ne peut mieux vous peindre qu'en vous rappelant ces petits chiens hargneux qui grognent sans cesse, et qui semblent toujours prêts à se jeter sur vos jambes pour les déchirer.

Si l'on touchait par mégarde à l'un de ses joujoux, elle vous regardait de travers et murmurait un quart-d'heure entre ses dents. Lui faisait-on quelque léger reproche, elle se levait, trépignait des pieds, renversait les chaises et les fauteuils.

Son père, sa mère, personne dans la maison ne pouvait plus la souffrir.

Il est bien vrai qu'elle se repentait quelquefois de ses fautes, elle répandait même souvent des larmes secrètes, en se voyant devenue un objet d'aversion pour tout le monde, jusques à ses parens; mais l'habitude l'emportait bientôt, et son humeur devenait de jour en jour plus acariâtre. Un soir, c'était la veille du jour des étrennes, elle vit sa mère qui passait dans son appartement, en portant une corbeille sous sa pelisse. Rosalie voulait la suivre; madame de Fougères lui ordonna de rentrer dans le salon. Elle prit, à ce sujet, la mine la plus grogneuse qu'elle eut jamais eue, et ferma la porte si rudement, qu'on entendit craquer tous les vitrages des croisées.

Une demi-heure après, sa mère lui fit dire de passer chez elle. Quelle fut sa surprise de voir sa chambre éclairée de vingt bougies, et la table couverte des joujoux les plus brillants! Elle ne put proférer une parole, transportée, comme elle l'était, de joie et d'admiration.

« Approche, Rosalie, lui dit sa mère, et lis sur ce papier pour qui toutes ces choses sont destinées. »

Rosalie s'approcha, et vit au milieu de ces joujoux un billet ouvert; elle le prit, et y lut, en grosses lettres, les mots suivans :

« *Pour une aimable petite fille, en récompense de sa douceur.* »

Elle baissa les yeux et ne dit un mot. « Eh bien, Rosalie, à qui cela est-il destiné? lui dit sa mère. Ce n'est pas à moi, répondit Rosalie; » et les larmes lui vinrent aux yeux.

« Voici encore un autre billet, reprit madame de Fougères; vois s'il ne serait pas question de toi dans celui-ci. » Rosalie prit le billet et lut :

« *Pour une petite fille grognon, qui reconnaît ses défauts, et qui, en commençant une nouvelle année, va travailler à s'en corriger.* »

« Oh! c'est moi, c'est moi! » s'écria-t-elle en se jetant dans les bras de sa mère et en pleurant amèrement.

Madame de Fougères versa aussi des larmes, moitié de chagrin sur les défauts de sa fille, et moitié de joie sur le repentir qu'elle en témoignait.

« Allons, lui dit-elle après un moment de silence, prends donc ce qui t'appartient; et que Dieu, qui a entendu ta résolution, te donne la force de l'exécuter. »

« Non, ma chère maman, répondit Rosalie; tout cela n'appartient qu'à la personne du premier billet. Gardez-le moi jusqu'à ce que je sois cette personne : c'est vous qui me direz quand je le serai devenue. »

Cette réponse fit beaucoup de plaisir à madame de Fougères. Elle rassembla aussitôt les joujoux, les mit dans une commode et en présenta la clef à Rosalie, en lui disant : « Tiens, ma chère fille, tu ouvriras la commode quand tu jugeras toi-même qu'il en sera temps. »

Il s'était déjà écoulé près de six semaines, sans que Rosalie eût eu le moindre accès d'humeur.

Elle se jeta un jour au cou de sa mère, et lui dit d'une voix étouffée : « Ouvrirai-je la commode, maman ? Oui, ma fille, tu peux l'ouvrir, lui répondit madame de Fougères en la serrant tendrement dans ses bras. Mais, dis-moi donc, comment as-tu fait pour vaincre ainsi ton caractère ? Je m'en suis occupée sans cesse, lui répliqua Rosalie. Il m'en a bien coûté ; mais tous les matins et tous les soirs, cent fois dans la journée, je priais Dieu de soutenir mon courage. »

Madame de Fougères répandit les plus douces larmes. Rosalie se mit en possession des joujoux, et, bientôt après, des cœurs de tous ses amis.

Sa mère raconta cet heureux changement en présence d'une petite fille qui avait le même défaut. Celle-ci en fut si frappée, qu'elle prit sur-le-champ la résolution d'imiter Rosalie pour devenir aimable comme elle.

Ce projet eut le même succès. Ainsi, Rosalie ne fut pas seulement plus heureuse pour elle-même, elle rendit aussi heureux tous ceux qui voulurent profiter de son exemple. Quel enfant bien né ne voudrait pas jouir de cette gloire et de ce bonheur ?

AMAND.

Un pauvre manœuvre, nommé Bertrand, avait six enfans en bas âge, et il se trouvait fort embarrassé pour les nourrir. Par surcroît de malheur, l'année fut stérile, et le pain se vendait une fois plus cher que l'an passé. Bertrand travaillait jour et nuit : malgré ses sueurs, il lui était impossible de gagner assez d'argent pour rassasier du plus mauvais pain ses enfans affamés. Il était dans une extrême désolation. Il appelle un jour sa petite famille ; et, les yeux pleins de larmes, il lui dit : Mes chers enfans, le pain est devenu si cher, qu'avec tout mon travail je ne puis gagner assez pour vous substanter ; vous le voyez, il faut que je paie le morceau de pain que voici du produit de toute ma journée. Il faut donc vous contenter de partager avec moi le peu que je m'en serai procuré : il n'y en aura certainement pas assez pour vous rassasier ; mais du moins il y aura de quoi vous empêcher de mourir de faim. Le pauvre homme ne put en dire davantage ; il leva les yeux vers le ciel, et se mit à pleurer ; ses enfans pleuraient aussi, et chacun disait en lui-même : Mon Dieu, venez à notre secours, pauvres petits malheureux que nous sommes ! Assistez notre père, et ne nous laissez pas mourir de faim !

Bertrand partagea son pain en sept portions égales : il en garda une pour lui, et distribua les autres à chacun de ses enfans ; mais un d'entre eux, qui s'appelait Amand, refusa de recevoir la sienne, et dit : Je ne peux rien prendre, mon père, je me sens malade ; mangez ma portion, ou partagez-la entre les autres. Mon pauvre enfant, qu'as-tu donc ? lui dit Bertrand, en le prenant entre ses bras. Je suis malade, répondit Amand, très malade : je veux aller me coucher. Bertrand le porta dans son lit ; et, le lendemain au matin, accablé de tristesse, il alla chez un médecin et le pria de venir, par charité, voir son fils malade, et de le secourir.

Le médecin, qui était un homme pieux, se rendit chez Bertrand, quoiqu'il fût bien sûr de n'être pas payé de ses visites. Il s'approche du lit d'Amand, lui tâte le pouls, mais il ne peut y trouver aucun symptôme de maladie; il lui trouva cependant une grande faiblesse, et, pour le ranimer, il voulut lui prescrire une potion. Ne m'ordonnez rien, Monsieur, lui dit Amand; je ne prendrais pas ce que vous m'ordonneriez.

Le Médecin Tu ne le prendrais pas! et pourquoi donc, s'il te plaît?

Amand. Ne me le demandez pas, Monsieur; je ne peux pas vous le dire.

Le Médecin. Eh qui t'en empêche, mon enfant? Tu me parais être un petit garçon bien obstiné.

Amand. Monsieur le médecin, ce n'est point par obstination, je vous assure.

Le Médecin. A la bonne heure, je ne veux pas te contraindre; mais je vais le demander à ton père, qui ne sera peut-être pas si mystérieux.

Amand, Ah! je vous en prie, Monsieur, que mon père n'en sache rien.

Le Médecin. Tu es un enfant bien incompréhensible! Mais il faut absolument que j'en instruise ton père, puisque tu ne veux pas me l'avouer.

Amand. Mon Dieu, Monsieur, gardez-vous-en bien! je vais plutôt vous le dire; mais auparavant faites sortir, je vous prie, mes frères et mes sœurs.

Le médecin ordonna aux enfans de se retirer, et alors Amand lui dit:

« Hélas, Monsieur, dans un temps si dur, mon père ne gagne qu'avec bien de la peine de quoi acheter un mauvais pain : il le partage entre nous; chacun n'en peut avoir qu'un petit morceau, et il n'en veut presque rien garder pour lui-même. Cela me fait de la peine de voir mes petits frères et mes petites sœurs endurer la faim. Je suis l'aîné, j'ai plus de force qu'eux, j'aime mieux ne pas manger pour qu'ils puissent partager ma portion; c'est pour cela que j'ai fait semblant d'être malade et de ne pouvoir pas manger; mais que mon père n'en sache rien, je vous en prie. » Le médecin essuya ses yeux, et lui dit : Mais toi, n'as-tu pas faim, mon cher ami?

Amand. Pardonnez-moi, j'ai bien faim : mais cela ne me fait pas autant de mal que de les voir souffrir.

Le médecin. Mais tu mourras bientôt, si tu ne te nourris pas?

Amand. Je le sens bien, Monsieur, mais je mourrai de bon cœur : mon père aura une bouche de moins à remplir; et, lorsque je serai auprès du bon Dieu, je le prierai de donner à manger à mes petits frères et à mes petites sœurs.

L'honnête médecin était hors de lui-même d'attendrissement et d'admiration, en entendant ainsi parler ce généreux enfant. Il le prit dans ses bras, le serra contre son cœur, et lui dit : Non, mon cher ami, tu ne mourras pas; Dieu, notre père à tous, aura soin de toi et de ta famille : rends lui grace de ce qu'il m'a conduit ici; je reviendrai bientôt. Il courut à sa maison, chargea un de ses domestiques de toutes sortes de provisions, et revint aussitôt avec lui vers Amand et ses frères affamés. Il les fit tous mettre à table, et leur donna à manger jusqu'à ce qu'ils fussent rassasiés : c'était un spectacle ravissant pour le bon médecin de voir la joie de ces innocentes créatures. En sortant, il dit à Amand de ne pas se mettre en peine, et qu'il pourvoierait à leur nécessité; il observa fidèlement sa promesse : il leur faisait passer tous les jours abondamment de quoi se nourrir; d'autres personnes charitables, à qui il raconta cette aventure, imitèrent sa bienfaisance. Les uns envoyèrent des provisions, les autres de l'argent; ceux-là des habits et du linge ; en sorte que, peu de jours après, la petite famille eut au delà de tous ses besoins. Aussitôt que le prince fut instruit de ce que le brave petit Amand avait fait pour son père et pour ses frères, plein d'admiration de tant de générosité, il envoya chercher Bertrand, et lui dit : Vous avez un enfant admirable ; je veux être aussi son père : j'ai ordonné qu'on vous donnât, tous les ans, en mon nom, une pension de cent écus. Amand et tous vos autres enfans seront élevés à mes frais dans le métier qu'ils voudront choisir ; et, s'ils savent en profiter, j'aurai soin de leur fortune.

Bertrand s'en retourna chez lui enivré de joie ; et, s'étant jeté à genoux, il remercia Dieu de lui avoir donné un si digne enfant.

MÉTHODE SURE POUR BIEN APPRENDRE.

Monsieur de Saint-André, ramenant un jour son fils Edouard à la pension, lui dit qu'il lui ferait plaisir s'il voulait apprendre le poème de *Ruth*. Le petit bonhomme, fort paresseux de son naturel, parut effrayé d'une tâche si forte : il s'excusa de l'entreprendre pour le moment. Cela se passait dans la classe, en présence du Précepteur, chargé particulièrement d'instruire Edouard. Le père dit au mentor ce qu'il désirait ; il le pria d'y tenir la main, parce que, disait-il, il voulait que son fils exerçât sa mémoire, et, avant tout, qu'il lui prouvât son obéissance.

Après le départ du papa, le précepteur dit à l'enfant, qui se plaignait, comme d'une injustice, de ce qu'on exigeait de lui : « Vous vous trompez, Edouard ; ce n'est pas tout le poème que votre papa vous demande ; ce n'en est qu'une page. — Vraiment ? oh ! ce n'est presque rien. » — Edouard apprit cette page le même jour. — « La seconde, lui dit le précepteur, ne vous semblera pas plus difficile. — Cela est vrai, dit le petit. » — En deux jours, la seconde page fut apprise aussi bien que la première. Une légère récompense et des éloges engagèrent Edouard à passer à la troisième ; et, comme il eût été honteux de ne pas achever le reste, en moins de huit jours il sut le poème entier parfaitement bien.

Un jeune pensionnaire, nommé Charles, remarqua l'artifice dont s'était servi l'adroit précepteur pour vaincre la paresse d'Edouard ; il dit en lui-même : « Je ne suis pas paresseux, moi, mais j'ai la tête extrêmement dure ; ne pourrais-je pas employer le même moyen pour tirer parti de mon ingrate mémoire ? Essayons. » Aussitôt il prend un livre ; il lit et relit une ligne seulement ; puis il ferme le livre et la répète de mémoire. Cette ligne étant sue, il passe à une autre, et il les répète toutes deux, toujours en fermant le livre. De ligne en ligne, il arrive à la fin de l'article que le Maître lui a donné à apprendre. Content de cet essai, et se promettant bien d'employer toujours la même méthode ; Charles se repose, et va jouer. La leçon était pour le lendemain. Le soir, il la repasse, et, lorsqu'il est dans son lit, il la répète de mémoire avant de s'endormir. Le lendemain matin, lorsqu'il se réveilla, il fut fort surpris que chaque mot, chaque phrase venait tout naturellement, et sans le moindre effort, se placer dans sa tête.

Depuis ce jour, Charles, malgré la difficulté qu'il avait à apprendre, savait toujours sa leçon. On attribua ce changement à un travail opiniâtre. Le Précepteur lui-même en fut la dupe. Eh bien, tout le monde se trompait. En suivant son plan avec constance, Charles s'instruisit, et il orna sa mémoire sans aucune difficulté. Il apprenait peu à la fois, mais ce peu, il l'apprenait parfaitement ; il cherchait aussi à le comprendre. De cette manière, Charles surmonta tous les obstacles qui paraissaient s'opposer à son instruction, et il fit des progrès rapides ; tandis que ceux de ses camarades que la nature avait favorisés d'une mémoire heureuse et d'une intelligence précoce, se fiant trop à ces avantages, restèrent bien loin derrière lui. Insensiblement, l'esprit de Charles s'éclaira ; il acquit un véritable savoir, et sut en faire usage. Timide et modeste, il ne cherchait point à briller : il laissait à ses Maîtres le soin de lui rendre justice.

CHIFFRES
ROMAINS ET ARABES.

I	V	X	L	C	D	M
un	cinq	dix	cinquante	cent	cinq cents	mille
1	5	10	50	100	500	1000

I	un	1	XXI	vingt et un	21
II	deux	2	XXII	vingt-deux	22
III	trois	3	XXIII	vingt-trois	23
IV	quatre	4	XXIV	vingt-quatre	24
V	cinq	5	XXV	vingt-cinq	25
VI	six	6	XXX	trente	30
VII	sept	7	XL	quarante	40
VIII	huit	8	L	cinquante	50
IX	neuf	9	LX	soixante	60
X	dix	10	LXX	soixante-dix	70
XI	onze	11	LXXX	quatre-vingts	80
XII	douze	12	XC	quatre-vingt-dix	90
XIII	treize	13	C	cent	100
XIV	quatorze	14	CC	deux cents	200
XV	quinze	15	CCC	trois cents	300
XVI	seize	16	CD	quatre cents	400
XVII	dix-sept	17	D	cinq cents	500
XVIII	dix-huit	18	DC	six cents	600
XIX	dix-neuf	19	DCC	sept cents	700
XX	vingt	20	M	mille	1,000

M DCCC XXX
1830

CINQUIÈME CLASSE.

Nota. L'élève peut maintenant lire dans tous les livres usuels. Afin qu'il s'accoutume graduellement à lire aussi dans un manuscrit quelconque nous avons ajouté plusieurs pièces de lecture en divers caractères, ayant toujours le soin de passer à un nouveau genre d'écriture par le moyen de celui que l'élève connaît déjà. Nous avons choisi, à cet effet, quelques fables de La Fontaine et d'autres fabulistes les plus estimés, ainsi que des pièces de vers sur des sujets sacrés, choix que l'on peut faire apprendre par cœur aux enfans, dans le double but de développer leur mémoire et de former leur cœur.

ALPHABET

en *Anglaise*, en Ronde et en Gothique.

a	A	a	A	a	A	a
b	B	b	B	b	B	b
c	C	c	C	c	C	c
d	D	d	D	d	D	d
e	E	e	E	e	E	e
f	F	f	F	f	F	f
g	G	g	G	g	G	g
h	H	h	H	h	H	h

i	$\mathcal{I}$	i	$\mathcal{I}$	i	𝔍	i
j	$\mathcal{I}$	j	$\mathcal{I}$	j	𝔍	j
k	$\mathcal{K}$	k	$\mathcal{K}$	k	𝔎	k
l	$\mathcal{L}$	ℓ	$\mathcal{L}$	ℓ	𝔏	l
m	$\mathcal{M}$	m	$\mathcal{M}$	m	𝔐	m
n	$\mathcal{N}$	n	$\mathcal{N}$	u	𝔑	n
o	$\mathcal{O}$	o	$\mathcal{O}$	o	𝔒	o
p	$\mathcal{P}$	p	$\mathcal{P}$	p	𝔓	p
q	$\mathcal{Q}$	q	$\mathcal{Q}$	q	𝔔	q
r	$\mathcal{R}$	r	$\mathcal{R}$	r	𝔊	r
s	$\mathcal{S}$	s	$\mathcal{S}$	s	𝔖	s
t	$\mathcal{C}$	t	$\mathcal{T}$	t	𝔗	t
u	$\mathcal{U}$	u	$\mathcal{U}$	u	𝔘	u
v	$\mathcal{V}$	v	$\mathcal{V}$	v	𝔙	v
x	$\mathcal{X}$	x	$\mathcal{X}$	x	𝔛	x
y	$\mathcal{Y}$	y	$\mathcal{Y}$	y	𝔜	y
z	$\mathcal{Z}$	z	$\mathcal{L}$	z	𝔃	z

FABLES (*).

FABLE PREMIÈRE.

LA GRENOUILLE QUI SE VEUT FAIRE AUSSI GROSSE QUE LE BOEUF.

Une grenouille vit un bœuf
Qui lui sembla de belle taille ;
Elle, qui n'était pas grosse en tout comme un œuf,
Envieuse, s'étend, et s'enfle, et se travaille,
Pour égaler l'animal en grosseur,
Disant : Regardez bien ma sœur :
Est-ce assez ? dites-moi, n'y suis-je point encore ? —
—Nenni.—M'y voici donc ?—Point du tout. —M'y voilà ?
— Vous n'en approchez point. La chétive pécore
S'enfla si bien qu'elle creva.

Le monde est plein de gens qui ne sont pas plus sages :
Tout bourgeois veut bâtir comme les grands seigneurs ;
Tout petit prince a des ambassadeurs,
Tout marquis veut avoir des pages.

(LA FONTAINE.)

(*) MANIÈRE

DE FAIRE LIRE OU RÉCITER LES FABLES AUX ENFANS.

C'est un talent que de savoir bien lire les vers. Peu de gens le possèdent ; ceux mêmes qui versifient le mieux, souvent ne le connaissent pas. Rien ne défigure tant un morceau de poésie, quel qu'il soit, que de le réciter en appuyant lourdement sur chaque syllabe, en coupant régulièrement en deux les vers alexandrins, et en s'appesantissant sur les rimes ; mais cette manière déplaît surtout à l'oreille d'un homme de goût, quand il

FABLES.

FABLE PREMIÈRE.

LA GRENOUILLE QUI SE VEUT FAIRE AUSSI GROSSE QUE LE BOEUF.

Une grenouille vit un bœuf
Qui lui sembla de belle taille ;
Elle, qui n'était pas grosse en tout comme un œuf,
Envieuse, s'étend, et s'enfle, et se travaille,
Pour égaler l'animal en grosseur,
Disant : Regardez bien, ma sœur :
Est-ce assez ? dites-moi, n'y suis-je point encore ? —
Nenni. — M'y voici donc ? — Point du tout. — M'y voilà ?
— Vous n'en approchez point. La chétive pécore
S'enfla si bien qu'elle creva.

Le monde est plein de gens qui ne sont pas plus sages :
Tout bourgeois veut bâtir comme les grands seigneurs ;
Tout petit prince a des ambassadeurs,
Tout marquis veut avoir des pages.

(La Fontaine.)

---

s'agit de fables. Ce dernier genre est d'une si grande naïveté en soi, la mesure des vers y est tellement arbitraire, le ton en est si uni, si simple, si peu emphatique, qu'il ne semble pas exiger plus de déclamation qu'une lettre, un dialogue ou tout autre ouvrage de cette espèce en prose. Toutefois, les fables, et principalement celles du célèbre La Fontaine, renferment souvent des tours, des figures, des finesses de sens et des allusions fréquentes qu'il est impossible qu'un enfant saisisse d'abord, quoique né avec des dispositions heureuses. Il ne serait donc pas raisonnable d'exiger de lui qu'il les récitât avec tous les tons convenables.

C'est assez pour les enfans d'un âge tendre et qui n'ont encore que de la

FABLE II.

LE CHÊNE ET LE ROSEAU.

Le chêne, un jour, dit au roseau :
Vous avez bien sujet d'accuser la nature :
Un roitelet pour vous est un pesant fardeau ;
    Le moindre vent qui, d'aventure,
    Fait rider la face de l'eau,
    Vous oblige à baisser la tête ;
Cependant que mon front, au Caucase pareil,
Non content d'arrêter les rayons du soleil,
    Brave l'effort de la tempête.
Tout vous est aquilon, tout me semble zéphir.
Encor si vous naissiez à l'abri du feuillage
    Dont je couvre le voisinage,
    Vous n'auriez pas tant à souffrir,
    Je vous défendrais de l'orage ;
    Mais vous naissez le plus souvent
Sur les humides bords du royaume du vent :

---

mémoire, qu'ils sachent s'arrêter aux endroits où finit le sens, et qu'ils s'habituent à bien prononcer et à faire en sorte que leur voix ne soit ni glapissante ni rauque. On ne doit pas leur laisser prendre à leur fantaisie un prétendu ton familier, qui estropie presque toujours le sens de l'auteur, et qui n'est rien moins que familier pour prétendre à trop l'être. C'est assez, encore une fois, qu'ils sachent articuler les mots et distinguer le sens de chaque phrase, suivant les repos qui y sont ménagés, et non pas seulement suivant la mesure des vers et la chute des rimes ; alors on doit être content d'eux : c'est tout ce qu'on peut raisonnablement leur demander.

La nature envers vous me paraît bien injuste.
Votre compassion, lui répondit l'arbuste,
Part d'un bon naturel; mais quittez ce souci;
  Les vents me sont moins qu'à vous redoutables:
Je plie et ne romps pas. Vous avez jusqu'ici
    Contre leurs coups épouvantables
    Résisté sans courber le dos;
Mais attendons la fin. Comme il disait ces mots,
Du bout de l'horizon accourt avec furie
    Le plus terrible des enfans
Que le nord eut portés jusque là dans ses flancs.
    L'arbre tient bon; le roseau plie:
    Le vent redouble ses efforts,
      Et fait si bien qu'il déracine
Celui de qui la tête au ciel était voisine,
Et dont les pieds touchaient à l'empire des morts.

(Le même.)

Une chose plus commune dans les fables que dans toute autre espèce de poème, excepté dans les drames, c'est que les dernières syllabes d'un vers, indépendantes des premières pour la continuité exacte du sens, sont liées avec une partie du vers suivant, ou avec le vers entier et même avec quelques autres encore; auquel cas on doit prononcer de suite cette moitié de vers et tout ce qui compose le corps de la phrase, sans faire seulement attention à la rime. C'est ce qui rend difficile la lecture de ce genre de poésie, où l'on se donne plus de liberté que dans les genres élevés, et où cette liberté même est la source d'un grand nombre de beautés; voilà ce qu'il faut s'étudier à bien apprendre aux enfans.

Que l'un deux ait à réciter la fable intitulée *le Chat, la Belette et le petit Lapin*; il faut l'arrêter à tous les repos, dès qu'on veut qu'il la récite, sinon avec toutes les graces imaginables, du moins avec quelque bon sens :

  Du palais d'un jeune lapin
  Dame belette un beau matin
  S'empara.

FABLE III.

LES BERGERS.

Guillot criait au loup, un jour, pour passe-temps :
Un tel cri mit l'alarme aux champs.
Tous les bergers du voisinage
Coururent au secours : Guillot se moqua d'eux ;
Ils s'en retournèrent honteux,
Pestant contre son badinage :
Mais rira bien qui rira le dernier.
Deux jours après, un loup, avide de carnage,
Un véritable loup-cervier,
Malgré notre berger et son chien, faisait rage
Et se ruait sur le troupeau.
Au loup, s'écria-t-il, au loup ! Tout le hameau
Rit à son tour : à d'autres, je vous prie,
Répondit-on ; l'on ne nous y prend plus.
Guillot le goguenard fit des cris superflus ;
On crut que c'était fourberie.

Un menteur n'est point écouté,
Même en disant la vérité.

(RICHER.)

Il y a ici un point que l'enfant doit marquer, malgré la mesure du vers qui se trouve rompue par ce repos, dont l'énergie est admirable.
C'est une rusée.
Cette petite réflexion doit être détachée par le récit.
Le maître étant absent, ce lui fut chose aisée.
Autre repos. Tout le commencement de cette fable demande à être coupé par celui qui récite, à mesure qu'il se rencontre des points qui terminent le sens ; mais lorsqu'une fois l'auteur fait parler la belette, comme son dessein a été de peindre le caquet de ce petit animal femelle, et que tout ce

FABLE III.

LES BERGERS.

Guillot criait au loup, un jour, pour passe-temps :
Un tel cri mit l'alarme aux champs.
Tous les bergers du voisinage
Coururent au secours : Guillot se moqua d'eux ;
Ils s'en retournèrent honteux,
Postant contre son badinage :
Mais rira bien qui rira le dernier.
Deux jours après, un loup, avide de carnage,
Un véritable loup-cervier,
Malgré notre berger et son chien, faisait rage
Et se ruait sur le troupeau.
Au loup, s'écria-t-il, au loup ! Tout le hameau
Rit à son tour : à d'autres, je vous prie,
Répondit-on ; l'on ne nous y prend plus.
Guillot le goguenard fit des cris superflus ;
On crut que c'était fourberie.

Un menteur n'est point écouté,
Même en disant la vérité.   (RICHER.)

---

qu'il lui fait dire est extrêmement serré, et presque sans aucun intervalle sensible, l'enfant ne doit pas s'arrêter, par la raison, pour lui, qu'il n'y a pas de point dans ce petit discours. C'était un beau sujet de guerre qu'un logis où le lapin n'entrait qu'en rampant !

> Et quand ce serait un royaume,
> Je voudrais bien savoir, dit-elle, quelle loi
> En a pour toujours fait l'octroi
> A Jean, fils ou neveu de Pierre ou de Guillaume,
> Plutôt qu'à Paul, plutôt qu'à moi ?

FABLE IV.

LE SINGE ET LE LÉOPARD.

Le Singe avec le Léopard
Gagnaient de l'argent à la foire;
Ils affichaient chacun à part.
L'un d'eux disait: Messieurs, mon mérite et ma gloire
Sont connus en bon lieu. Le Roi m'a voulu voir;
　　Et, si je meurs, il veut avoir
Un manchon de ma peau, tant elle est bigarrée,
　　Pleine de taches, marquetée,
　　Et vergetée, et mouchetée.
La bigarrure plaît: partant chacun le vit,
Mais ce fut bientôt fait, bientôt chacun sortit.
Le Singe, de sa part, disait: Venez, de grace,
Venez, Messieurs; je fais cent tours de passe-passe:
Cette diversité dont on vous parle tant,

On sent que tout cela doit être dit de suite; et assurément, en n'exigeant que cette attention d'un enfant, on aura lieu d'être fort satisfait de lui, s'il partage ainsi le sens de chaque endroit d'une des plus jolies fables du monde, et de toutes celles qu'on pourra lui faire apprendre par cœur pour exercer sa mémoire. Les tons viendront après. Il ne lui faut parler ni de pieds, ni d'hémistiches, ni de rimes. On ne doit sentir que fort légèrement ces choses en écoutant réciter des fables.

Ici, c'est le singe de la foire qui tâche d'attirer des spectateurs:

　　　　　　　　　　Venez, de grace,
Venez, Messieurs;
　　　　Je fais cent tours de passe-passe :
Cette diversité dont on vous parle tant,
Mon voisin léopard l'a sur soi seulement;
Moi, je l'ai dans l'esprit.
　　　　　　　Votre serviteur Gille,

Mon voisin Léopard l'a sur soi seulement;
Moi, je l'ai dans l'esprit. Votre serviteur Gille,
  Cousin et gendre de Bertrand,
  Singe du Pape en son vivant,
  Tout fraîchement dans cette ville
Arrive en trois bateaux, exprès pour vous parler;
Car il parle, on l'entend : il sait danser, baller,
  Faire des tours de toute sorte,
Passer en des cerceaux; et le tout pour six blancs !
Non, Messieurs, pour un sou. Si vous n'êtes contens,
Nous rendrons à chacun son argent à la porte.

Le Singe avait raison : ce n'est pas sur l'habit
Que la diversité me plaît, c'est dans l'esprit;
L'une fournit toujours des choses agréables;
L'autre, en moins d'un moment, lasse les regardans.
Oh! que de grands seigneurs, au Léopard semblables,
  N'ont que l'habit pour tous talens !

(LA FONTAINE.)

  Cousin et gendre de Bertrand,
  Singe du Pape en son vivant,
  Tout fraîchement dans cette ville
Arrive en trois bateaux, exprès pour vous parler;
Car il parle,
      On l'entend :
            Il sait danser, baller,
  Faire des tours de toute sorte ;
Passer en des cerceaux ;
            Et le tout pour six blancs?
Non, Messieurs, pour un sou.
            Si vous n'êtes contens,
  Nous rendrons à chacun son argent à la porte.

Là, c'est le roseau plaint d'une manière un peu insultante par le chêne :

  La nature envers vous me semble bien injuste.
  Votre compassion, lui répondit l'arbuste,
  Part d'un bon naturel;

FABLE V.

LES VENTS ET LE NUAGE.

Un jour, dans les plaines de l'air,
Soufflant avec la même rage,
L'impétueux Borée et l'orageux Auster
Bouleversaient les cieux, et la terre, et la mer :
Ils se disputaient un nuage.
Humains, ne vous en moquez pas ;
Convenez, pour être sincères,
Que les causes de vos débats
Sont quelquefois aussi légères.
Selon que l'un des vents soufflait plus ou moins fort,
Le nuage courait, soit au sud, soit au nord ;
Mais, pour se le ravir, si l'on en croit l'histoire,
Nos lutteurs s'épuisaient en efforts superflus :
Avant que l'un des deux eût conquis la victoire,
Le nuage n'existait plus.

Amateurs de procès, j'ai tracé votre image.
Le cœur gonflé de fiel et de haine enflammé,
Vous plaidez pour un héritage :
Avant le jugement, les frais l'ont consumé.

(L. F. JAUFFRET.)

Mais quittez ce souci :
Les vents me sont moins qu'à vous redoutables.
Je plie et ne romps pas.
    Vous avez jusqu'ici
Contre leurs coups épouvantables
Résisté sans courber le dos :
Mais attendons la fin.
    Comme il disait ces mots,
Du bout de l'horizon accourt avec furie
Le plus terrible des enfans
Que le nord eut portés jusque là dans ses flancs.

FABLE V.

LES VENTS ET LE NUAGE.

Un jour, dans les plaines de l'air,
Soufflant avec la même rage,
L'impétueux Borée et l'orageux Auster
Bouleversaient les cieux, et la terre, et la mer :
Ils se disputaient un nuage.
Humains, ne vous en moquez pas ;
Convenez, pour être sincères,
Que les causes de vos débats
Sont quelquefois aussi légères.
Selon que l'un des vents soufflait plus ou moins fort,
Le nuage courait, soit au sud, soit au nord ;
Mais, pour se le ravir, si l'on en croit l'histoire,
Nos lutteurs s'épuisaient en efforts superflus :
Avant que l'un des deux eût conquis la victoire,
Le nuage n'existait plus.

Amateurs de procès, j'ai tracé votre image.
Le cœur gonflé de fiel et de haine enflammé,
Vous plaidez pour un héritage :
Avant le jugement, les frais l'ont consumé

(L. F. JAUFFRET.)

L'arbre tient bon,
Le roseau plie :
Le vent redouble ses efforts,
Et fait si bien qu'il déracine
Celui de qui la tête au ciel était voisine,
Et dont les pieds touchaient à l'empire des morts.

Ailleurs, c'est la grenouille qui, pour égaler le bœuf en grosseur,
Envieuse s'étend,
Et s'enfle,
Et se travaille,

FABLE VI.

LE CHAT, LA BELETTE ET LE PETIT LAPIN.

Du palais d'un jeune lapin
Dame belette, un beau matin,
S'empara. C'est une rusée.
Le maître étant absent, ce lui fut chose aisée.
Elle porta chez lui ses pénates, un jour
Qu'il était allé faire à l'Aurore sa cour,
Parmi le thym et la rosée.
Après qu'il eut brouté, trotté, fait tous ses tours,
Jeannot lapin retourne aux souterrains séjours.
La belette avait mis le nez à la fenêtre.
O dieux hospitaliers ! que vois-je ici paraître ?
Dit l'animal chassé du paternel logis.
Holà ! madame la belette,
Que l'on déloge sans trompette,
Ou je vais avertir tous les rats du pays !
La dame au nez pointu répondit que la terre
Était au premier occupant.
C'était un beau sujet de guerre
Qu'un logis où lui-même il n'entrait qu'en rampant !
Et quand ce serait un royaume,
Je voudrais bien savoir, dit-elle, quelle loi

Disant :
    Regardez-bien, ma sœur :
Est-ce assez ? dites-moi,
     N'y suis-je point encore ?
Nenni. M'y voici donc ?
    Point du tout.
      M'y voilà ?
Vous n'en approchez pas.
    La chétive pécore
S'enfla si bien qu'elle creva.

En a pour toujours fait l'octroi
A Jean, fils ou neveu de Pierre ou de Guillaume,
Plutôt qu'à Paul, plutôt qu'à moi ?
Jean lapin allégua la coutume et l'usage :
Ce sont, dit-il, leurs lois qui m'ont de ce logis
Rendu maître et seigneur, et qui, de père en fils,
L'ont de Pierre à Simon, puis à moi Jean transmis.
Le premier occupant, est-ce une loi plus sage ?
Or bien, sans crier davantage,
Rapportons-nous, dit-elle, à Raminagrobis.
C'était un chat vivant comme un dévot ermite,
Un chat faisant la chattemite,
Un saint homme de chat, bien fourré, gros et gras,
Arbitre expert dans tous les cas :
Jean lapin pour juge l'agrée.
Les voilà tous deux arrivés
Devant sa majesté fourrée.
Grippeminaud leur dit : Mes enfans, approchez,
Approchez ; je suis sourd, les ans en sont la cause.
L'un et l'autre approcha, ne craignant nulle chose.
Aussitôt qu'à portée il vit les contestans,
Grippeminaud, le bon apôtre,
Jetant des deux côtés la griffe en même temps,
Mit les plaideurs d'accord en croquant l'un et l'autre.

Ceci ressemble fort aux débats qu'ont parfois
Les petits souverains se rapportant aux Rois.

(LA FONTAINE.)

Il est incontestable que de tels morceaux, lus ou récités simplement comme ils sont imprimés ici, indépendamment des tons qui conviennent au discours, auront toujours assez de grace dans la bouche d'un enfant, et feront voir en lui, sinon beaucoup de goût, du moins assez de bon sens et d'intelligence. Eh que veut-on de plus à son âge ? Attendons que son esprit et la raison soient formés en lui, et alors nous lui permettrons d'essayer de faire sentir aux autres les beautés qu'il sentira lui-même

FABLE VII.

LE LIVRE MYSTÉRIEUX.

Un villageois, dans le fond d'une armoire,
Gardait un livre à moitié vermoulu;
Livre oublié, véritable grimoire,
Que de mille ans personne n'avait lu.
Passe un savant, honneur de sa patrie,
On lui parle du livre; il demande à le voir,
Et découvre bientôt mille traits de génie
Où d'autres ne voyaient que du blanc et du noir.

La Nature est un livre immense
Qui ne dit rien aux yeux de l'incrédulité :
Moi, d'un Dieu j'y lis l'existence;
J'y lis mon immortalité.

(L. F. Jauffret.)

Alors, le sens lui rendra raison des points, au lieu que, quand il était encore enfant, les points lui rendaient raison du sens. Il séparera, de même qu'autrefois, les phrases les unes des autres, mais avec cette différence qu'il entrera dans l'esprit de l'auteur, en les distinguant par des repos. Il dira, comme il faisait jadis :

> *Du palais d'un jeune lapin*
> *Dame belette un beau matin*
> *S'empara.*

Mais ce ne sera plus uniquement parce qu'il y a un point après ce mot *s'empara*, qu'il s'y arrêtera; ce sera plutôt parce que ce mot peint l'action de la belette, et qu'il est rejeté à l'autre vers pour attirer sur soi toute l'attention de celui qui lit ou qui écoute.

A cette manière intelligente de couper les vers sans aucun égard à la mesure, et seulement suivant que le sens l'exige, il joindra les tons, qui sont comme les couleurs dans un tableau.

FABLE VIII.

LE SOLEIL ET LA LUNE.

Le dieu qui répand la lumière,
Un jour que ses chevaux, d'un pas plus diligent,
L'avaient, de grand matin, lancé dans la carrière,
Surprit encore au ciel la Lune au front d'argent.
Il faut que vous sachiez ce que de vous on pense,
    Dit le blond Phébus à sa sœur :
Vous changez, chaque jour, de visage et d'humeur ;
    Vous êtes pleine d'inconstance.
Aussi, dès qu'un mortel est changeant dans ses goûts,
Dès qu'on le voit, tantôt joyeux et pacifique,
Tantôt morne et grondeur, aussitôt la critique
    Méchamment le compare à vous,
    Et soutient qu'il est lunatique.
Vos reproches sont loin de me mettre en souci,
Lui répondit Phébé. Personne, que je sache,
N'est exempt de défauts ; vous en avez aussi,
Et dans le Soleil même on voit plus d'une tache.
L'homme aime vos rayons, mais la beauté les craint ;
S'ils blanchissent la toile, ils noircissent le teint :
Vous voyez que de vous je pourrais bien médire,
    Et vous reprocher vos travers ;
Mais il vaut mieux, je crois, que Phébé se retire.
Adieu : continuons d'éclairer l'univers,
    Et laissons dormir la satire.

(Le même.)

Mais ceci est un nouveau travail qui demande une attention extrême, un esprit fin, un goût sûr, et pour lequel il faut des détails dont cet ouvrage n'est pas susceptible.

FABLE VIII.

LE SOLEIL ET LA LUNE.

Le dieu qui répand la lumière,
Un jour que ses chevaux, d'un pas plus diligent,
L'avaient, de grand matin, lancé dans la carrière,
Surprit encore au ciel la Lune au front d'argent.
Il faut que vous sachiez ce que de vous on pense,
    Dit le blond Phébus à sa soeur :
Vous changez, chaque jour, de visage et d'humeur,
    Vous êtes pleine d'inconstance ;
Aussi, dès qu'un mortel est changeant dans ses goûts,
Dès qu'on le voit, tantôt joyeux et pacifique,
Tantôt morne et grondeur, aussitôt la critique
    Méchamment le compare à vous,
    Et soutient qu'il est lunatique.
Vos reproches sont loin de me mettre en souci,
Lui répondit Phébé. Personne, que je sache,
N'est exempt de défauts ; vous en avez aussi,
Et dans le Soleil même on voit plus d'une tache.
L'homme aime vos rayons, mais la beauté les craint ;
S'ils blanchissent la toile, ils noircissent le teint ;
Vous voyez que de vous je pourrais bien médire,
    Et vous reprocher vos travers ;
Mais il vaut mieux, je crois, que Phébé se retire.
Adieu : continuons d'éclairer l'univers,
    Et laissons dormir la satire.

                                            (Le même.)

POÉSIES RELIGIEUSES.

DIEU.

Ce Dieu, maître absolu de la terre et des cieux,
N'est point tel que l'erreur le figure à vos yeux :
L'Éternel est son nom, le monde est son ouvrage ;
Il entend les soupirs de l'humble qu'on outrage,
Juge tous les mortels avec d'égales lois,
Et, du haut de son trône, interroge les rois.
Des plus fermes Etats la chute épouvantable,
Quand il veut, n'est qu'un jeu de sa main redoutable.

(J. Racine.)

PUISSANCE DE DIEU.

Que peuvent contre lui tous les rois de la terre ?
En vain ils s'uniraient pour lui faire la guerre ;
Pour dissiper leur ligue, il n'a qu'à se montrer :
Il parle, et dans la poudre il les fait tous rentrer.
Au seul son de sa voix, la mer fuit, le ciel tremble ;
Il voit comme un néant tout l'univers ensemble,
Et les faibles mortels, vils jouets du trépas,
Sont tous devant ses yeux comme s'ils n'étaient pas.

(Le même.)

PARAPHRASE DU *PATER NOSTER*.

Créateur des humains, des mondes et des cieux,
Que ton nom soit béni, qu'il le soit en tous lieux !
Sur terre, au firmament, ta volonté soit faite !
Règne, enfin, règne seul ; écarte la disette :
Sous tes yeux paternels que le blé dans nos champs
Multiplie, et suffise à nos besoins pressans !
Dans nos cœurs ta justice a placé la clémence,
Nous pardonnons... Grand Dieu ! pardonne à qui t'offense ;
Epargne la faiblesse et fais grace à l'erreur ;
De nos maux passagers allége la souffrance ;
Et que tout homme juste, après son existence,
Repose dans ton sein : tous ont droit au bonheur.

(F. Nogaret.)

FIN DERNIÈRE DE L'HOMME.

Homme, quoi qu'ici bas tu veuilles entreprendre,
Songe à ce compte exact qu'un jour il en faut rendre,
Et mets devant tes yeux cette dernière fin
Qui fera ton mauvais ou ton heureux destin.
Regarde avec quel front tu pourrais comparaître
Devant le tribunal de ton souverain maître,

Devant ce juste juge à qui rien n'est caché,
Qui jusque dans ton cœur sait lire ton péché,
Qu'aucun don n'éblouit, qu'aucune erreur n'abuse,
Que ne surprend jamais l'adresse d'une excuse,
Qui rend à tous justice, et pèse au même poids
Ce que font les bergers et ce que font les rois.
Misérable pécheur, que sauras-tu répondre
A ce Dieu qui sait tout et viendra te confondre,
Toi, que remplit souvent d'un invincible effroi
Le courroux passager d'un mortel comme toi ?
Quand, depuis ta naissance, on aurait vu ta vie
D'honneurs, jusqu'à ce jour, et de plaisirs suivie,
Qu'aurait tout cet amas qui te pût secourir,
Si, dans ce même instant, il te fallait mourir ?
Tout n'est que vanité : gloire, faveur, richesses,
Passagères douceurs, trompeuses allégresses ;
Tout n'est qu'amusement, tout n'est que faux appui,
Hormis d'aimer Dieu seul et ne servir que lui.

(P. Corneille.)

LES CONSEILS DE LA SAGESSE,

PAR FRANÇOIS FÉNÉLON DE SALIGNAC.

Rendez au Créateur ce que l'on doit lui rendre.
Réfléchissez avant que de rien entreprendre.
Point de société qu'avec d'honnêtes gens ;
Et ne vous enflez point de vos heureux talens.

Conformez-vous toujours aux sentimens des autres ;
Cédez honnêtement, si l'on combat les vôtres.
Donnez attention à tout ce qu'on vous dit,
Et n'affectez jamais de montrer trop d'esprit.

N'entretenez personne au delà de sa sphère ;
Et dans tous vos discours tâchez d'être sincère.
Tenez votre parole inviolablement,
Et ne promettez point inconsidérément.

Soyez officieux, complaisant, doux, affable,
Et, pour tous les humains, d'un abord favorable.
Sans être familier, ayez un air aisé.
Ne décidez de rien, sans l'avoir bien pesé.

Aimez sans intérêt ; pardonnez sans faiblesse.
Choisissez vos amis avec délicatesse.
Cultivez avec soin l'amitié de chacun.
A l'égard des procès, n'en intentez aucun.

Ne vous informez point des affaires des autres,
Sans affectation taisez-vous sur les vôtres.
Prêtez de bonne grace, avec discernement :
S'il faut récompenser, faites-le noblement.

En quelque heureux état que vous puissiez paraître,
Que ce soit sans excès et sans vous méconnaître.
Compatissez toujours aux disgraces d'autrui ;
Supportez ses défauts, vivez bien avec lui.

Surmontez les chagrins où l'esprit s'abandonne ;
Ne les faites jamais retomber sur personne.
Où la discorde règne, apportez-y la paix ;
Et ne vous vengez point qu'à force de bienfaits.

Reprenez sans aigreur, louez sans flatterie ;
Riez paisiblement, entendez raillerie.
Estimez un chacun dans sa profession ;
Et ne critiquez rien par ostentation.

Ne reprochez jamais les plaisirs que vous faites :
Mais mettez-les au rang des affaires secrètes.
Prévenez les besoins d'un ami malheureux ;
Sans prodigalité montrez-vous généreux.

Modérez le transport d'une bile naissante,
Et ne parlez qu'en bien de la personne absente.
Fuyez l'ingratitude, et vivez sobrement.
Jouez pour le plaisir, et perdez noblement.

Parlez peu, pensez bien, et n'offensez personne.
Faites toujours grand cas de ce que l'on vous donne.
Ne tyrannisez point le pauvre débiteur ;
Montrez-vous en tous temps pour lui de bonne humeur.

Fuyez toute ignorance, ainsi que la paresse,
Et ne vous laissez point surprendre par l'ivresse ;
Mais lorsque vous prendrez quelque délassement,
Que ce soit sans excès et toujours sobrement.

Au bonheur du prochain ne portez point d'envie,
Et ne divulguez point ce que l'on vous confie.
Ne vous vantez de rien, gardez votre secret :
Vous deviendrez alors l'homme le plus parfait.

ABRÉVIATIONS

Qui se rencontrent le plus ordinairement dans les livres et principalement dans les journaux.

J. C. Jésus-Christ.   N. D. Notre Dame. La Ste Vierge.
N. S. Notre-Seigneur.   S^t. S^{te}. Saint.   Sainte.

S M. $\begin{cases} \text{T. C.} \\ \text{B.} \\ \text{C.} \\ \text{D.} \\ \text{I.} \end{cases}$ Sa Majesté $\begin{cases} \text{Très Chrétienne, le Roi de France.} \\ \text{Britannique, le Roi d'Angleterre.} \\ \text{Catholique, le Roi d'Espagne.} \\ \text{Danoise, le Roi de Danemarck.} \\ \text{Impériale, l'Empereur.} \end{cases}$

S. H. Sa Hautesse, l'Empereur des Turcs.
V. M. Votre Majesté, en parlant au Roi.
LL. MM. Leurs Majestés, le Roi et la Reine.
S. S. Sa Sainteté, le Pape.
Le S. P. Le Saint Père, en parlant du Pape.

S. A. $\begin{cases} \text{R.} \\ \text{S.} \\ \text{Em.} \end{cases}$ Son Altesse $\begin{cases} \text{Royale, titre des Princes de la Famille Royale.} \\ \text{Sérénissime, titre des Princes du sang.} \\ \text{Eminentissime, en parlant d'un Cardinal.} \end{cases}$

S. Em. Son Eminence $\Big\}$ en parlant d'un ou à un Cardinal.
V. Em. Votre Eminence

S. Exc. Son Excellence $\Big\}$ titre donné aux Ministres d'Etat, etc.
V. Exc. Votre Excellence

S. G. Sa Grandeur $\Big\}$ titre donné aux Archevêques, etc.
V. G. Votre Grandeur

Mgr. Monseigneur.   Mme. Madame.
M. Monsieur.   M^{esd}. Mesdames.
MM. Messieurs.   Mlle. Mademoiselle

Table des Matières.

	PAGE
Préface	5
Instruction pour les personnes qui enseignent à lire	7

DES LETTRES.

Des voyelles et des consonnes simples. — Des voyelles et des consonnes composées. — Des lettres équivalentes	8
Des syllabes et des mots. — De la division des mots en syllabes	9
Psalmodie applicable aux voyelles et aux consonnes simples	10

PREMIÈRE CLASSE.

Enseignement des voyelles simples — Voyelles simples. — Des différentes sortes d'*e* — Des accens	11
Enseignement des consonnes simples — Consonnes simples — Syllabes terminées par une voyelle. — Mots formés des syllabes précédentes	12

Nota. *Les règles de la prononciation sont en note au bas de chaque page.*

Voyelles articulées, ou syllabes terminées par une consonne. — Nasalités	18
Mots formés des sons précédens. — Mots à nasalités	19
Alphabet avec majuscules et italiques, suivant l'ordre usité dans les dictionnaires	21
Signes de ponctuation. — Autres signes en usage dans la typographie	22

DEUXIÈME CLASSE.

Enseignement des voyelles composées. Voyelles composées. — Mots à voyelles composées	23
Enseignement des consonnes composées — Consonnes composées. — Mots à consonnes composées	25
Polysyllabes à voyelles et à consonnes composées	27
Enseignement des lettres équivalentes. — Voyelles équivalant aux voyelles simples. — Voyelles équivalant aux voyelles composées. — Mots à voyelles équivalentes	28
Consonnes équivalant aux consonnes simples. — Consonnes équivalant aux consonnes composées. — Mots à consonnes équivalentes.	29
Polysyllabes à voyelles et à consonnes équivalentes	30
Enseignement des consonnes finales. — Mots à consonnes finales (Récapitulation des règles)	31

Pièces de lecture. — Phrases monosyllabiques, polysyllabiques.... 32

TROISIÈME CLASSE.

Exceptions. — Des désinences *er* et *ez*. — Applications....... 33
I tréma et *y* précédés d'une voyelle. — Applications............ 34
E muet suivi de *m* ou de *n*. — Applications................... 35
U et *i* suivis de *m* ou de *n*. — Applications................ 38
T suivi d'une voyelle composée qui commence par *i*.— Applications. 39
LL précédé d'une syllabe qui finit par *i*. — Applications......... 41
ILL et *gn* au commencement des mots. — *UE* entre *q* ou *g* et la consonne *ill*. — Applications............................. 42
CH qui se prononce comme *k*. — Applications.................. 43
Des différentes dénominations de la consonne *x*. — Applications... 44

QUATRIÈME CLASSE.

De la liaison et de l'élision des mots. — Applications 45
Lectures graduées. — Contes. — Jules le musard............... 47
Le plus beau présent qu'un enfant puisse faire à sa mère......... 48
Elisa, ou la petite fille de quatre ans que tout le monde aime..... 49
L'amour de la vérité... 50
La petite fille grognon.. 52
Amand.. 54
Méthode sûre pour bien apprendre.............................. 56
Chiffres romains et arabes.................................... 57

CINQUIÈME CLASSE.

Alphabet en anglaise, en ronde et en gothique.................. 58
FABLES. Manière de faire lire ou réciter les fables aux enfans. — Fable première. La grenouille qui se veut faire aussi grosse que le bœuf. — (Caract. rom. et ital.)............................ 60
Fable II. Le chêne et le roseau. —(Caract. ital.).............. 62
Fable III. Les bergers. — (Caract. ital. et écrit. angl.)........ 64
Fable IV. Le singe et le léopard. — (Ecrit. angl.)............. 65
Fable V. Les vents et le nuage. — (Ecrit. angl. et ronde.)..... 68
Fable VI. Le chat, la belette et le petit lapin. —(Ecrit. ronde.)... 70
Fable VII. Le livre mystérieux. — (Ecrit. ronde............... 72
Fable VIII. Le soleil et la lune. —(Ecrit. ronde et gothique.)...... 73
Poésies religieuses. — Dieu. — Puissance de Dieu. — Paraphrase du *Pater noster*.— Fin dernière de l'homme...................... 75
Les conseils de la sagessse................................... 76
Abréviations qui se rencontrent dans les livres et dans les journaux.. 78

FIN DE LA TABLE.

TABLEAU SYNOPTIQUE
DES SONS ET DES ARTICULATIONS.

SONS

RADICAUX.	a	o	u	ou	oi	e	é	è	i	eu
ÉQUIVALENTS.	ea (²⁷)* e {m au / n (¹⁷) eau}	eo	ue (¹²)	oue	eoi (²⁷)	ent (¹)*	ée (¹⁰) œ er (A) ez	ê ei ey ai ay aient (i) e {f (¹) / st (¹⁵) / cqu (¹⁸)} i {m (¹⁸) / n}	ie (¹⁰) y c g {ue}	eue œu œ {ill (²⁶) / iH (J)}

RADICAUX.	ui	ia	io	ié	iè	ieu
ÉQUIVALENTS.	uie (¹⁰)	iau yo		iai	ie {f (¹) / l (¹³)}	ieue (¹²)

ARTICULATIONS

RADICALES.	f	l	ill	c	r	m	n	t	s	z
ÉQUIVALENTES.	ff (¹) ph	ll lh (⁹) {m a / e / eu} i {ll (G) / lh}	ilh il (¹⁴)	cc k qu ch (K)	rr rh	mm m'h	nn n'h	tt t'h	ss (⁸) c {e (²³) / i} ç (⁵) sc {e (²³) / i} t {ia / ié (F) / io}	zz s {e / i (⁷) / eu}

RADICALES.	b	p	d	g	x	gn	v	ch	j	h
ÉQUIVALENTES.	bb bh	pp	dh	gu	cc {e (¹⁹) / i}			sch	j'h g {e / i (⁴)}	

RADICALES.	fl	fr	cl	chr	pl	pr	gl	gr	sf	sc dur
ÉQUIVALENTES.	phl	phr	chl	chr	ppl (²)	ppr	ggl	ggr	sph (¹⁴)	squ

* Les Numéros ou les Lettres entre deux parenthèses, renvoient aux règles ou aux exceptions.